零基础轻松学

国际象棋入门

姚振章　姚　垚　主编

化学工业出版社

·北京·

图书在版编目（CIP）数据

国际象棋入门/姚振章，姚垚主编．—北京：化学工业出版社，2022.9（2023.9重印）
（零基础轻松学）
ISBN 978-7-122-41735-0

Ⅰ．①国… Ⅱ．①姚… ②姚… Ⅲ．①国际象棋–基本知识 Ⅳ．①G891.1

中国版本图书馆CIP数据核字（2022）第105863号

责任编辑：宋　薇　　　　　　　　责任校对：王　静

出版发行：化学工业出版社（北京市东城区青年湖南街13号　邮政编码100011）
印　　装：大厂聚鑫印刷有限责任公司
710mm×1000mm　1/16　印张13　字数200千字　2023年9月北京第1版第2次印刷

购书咨询：010-64518888　　　　　　售后服务：010-64518899
网　　址：http://www.cip.com.cn

凡购买本书，如有缺损质量问题，本社销售中心负责调换。

定　　价：58.00元　　　　　　　　　　　　　　　　　　　版权所有　违者必究

序

　　"零基础轻松学"丛书包含围棋、象棋、国际象棋、五子棋等多个分册，内容的选取以棋牌爱好者喜闻乐见的休闲益智项目为主。这套丛书的作者云集了在体校和少年宫从教几十年的金牌教练、从事和研究智力运动的专职体育工作者、教育工作者和资深编辑。他们将自身丰富的专业经验，融入"零基础轻松学"丛书的写作中。

　　对于棋牌类各项目的初学者，能由一本指引性好的图书领进门，更有利于后续发展。本丛书注重讲解基础知识，尤其重视基本功训练，目的无非是让爱好者在向更高阶迈进之前先打下牢固的基础。在写法上则追求启发式，沿着由浅入深、以点带面的线索，举一反三，鼓励独立思考。

　　智力运动可以培养孩子的专注力和自控力，有助于他们脑力发育和快乐成长；对成年人来说，增加一项业余爱好也绝对有益，在修身养性的同时养成正确判断、沉着冷静的好习惯。特别是在当下教育改革推动学业减负之时，对学生综合素质的培养和提升提出了更高的要求，如果忽视了这一点，则孩子间的差距可能会越来越大。

　　棋如人生。在一盘棋中，关键的一步下错了，往往导致满盘皆输。人生也一样，经常是那紧要的一两步起了决定性作用。起点虽决定不了终点，但已足以影响一生。

范孙操

　　国际象棋是集科学、文化、竞技于一身的智力运动,棋子造型生动,子力灵活受限少,男女老少皆宜。尤其是孩子,下国际象棋不仅有益于身心健康,还能促进智力发育,提升计算力、专注力和推理能力的同时,在提高形象思维、逻辑思维方面也有很大帮助,让毛躁的孩子尽快安静,使冲动的孩子更善于思考。国际象棋已成为一种重要的社交手段,不同地域、不同年龄、不同职业的人都可通过下国际象棋进行沟通,家长陪孩子下棋也能培养共同的兴趣,增进亲子互动。

　　《国际象棋入门》是为零基础国际象棋爱好者而写的,笔者40多年来一直从事国际象棋一线教学工作,凭借丰富的教学经验,能准确把控初学者的认知规律和学习难点。全书共设36讲,从认识棋盘、棋子和了解行棋规则起步,内容包括如何判定胜负、和棋的几种形式、基本杀法,以及常用开局、中局战术和残局知识等。每一讲的结尾都附有练习题和详细的解答,初学者通过知识内容的学习,再经过有针对性的练习,棋力可稳步提升,达到有一定质量、独立完成对局的水平,从中享受下国际象棋的乐趣。

　　但愿本书能像炎热夏天的一丝凉风,给国际象棋的爱好者带来快乐。

　　由于水平所限,本书若有不妥之处,诚望棋界人士和广大读者多多指教。

姚振章

目 录

第1讲　棋盘和棋子 ·· 1

第2讲　王的走法 ··· 6

第3讲　后的走法 ··· 8

第4讲　车的走法 ··· 10

第5讲　象的走法 ··· 12

第6讲　马的走法 ··· 14

第7讲　兵的走法 ··· 16

第8讲　兵的特殊走法 ·· 18

第9讲　王车易位 ··· 20

第10讲　记录方法 ·· 24

第11讲　胜负 ·· 30

第12讲　和棋 ·· 42

第13讲　双车杀单王 ··· 52

第14讲　后杀单王 ·· 54

第15讲　车杀单王 ·· 56

第16讲　双象杀单王 ··· 58

第17讲　马象杀单王 ··· 60

第18讲	击双	64
第19讲	闪击	70
第20讲	牵制	80
第21讲	消除防御	88
第22讲	引离	96
第23讲	引入	104
第24讲	堵塞	112
第25讲	拦截	120
第26讲	腾挪	128
第27讲	过渡	136
第28讲	正方形法则	142
第29讲	对王和关键格	150
第30讲	王单兵对王单兵	160
第31讲	意大利开局	174
第32讲	双马防御	177
第33讲	卡罗·康防御	180
第34讲	西西里防御	183
第35讲	后翼弃兵	188
第36讲	开局常见错误点评	190

第1讲 棋盘和棋子

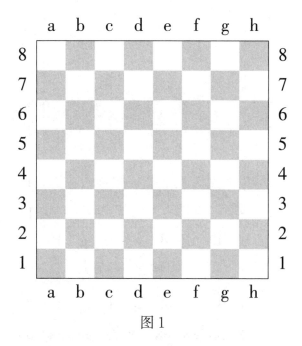

图1

如图1，这个漂亮的正方形图案就是国际象棋棋盘。

棋盘由颜色深浅交错排列、大小相等的共64个小方格组成。深色格叫黑格，浅色格叫白格。黑格和白格各有32个。

下棋时，棋盘摆在对局者之间，双方右下角必须是白格。

如图2，棋盘上有直线、横线和斜线。直线和横线各有八条。

以白方为基准，八条直线从左到右用a、b、c、d、e、f、g、h八个拉丁字母来表示；八条横线从下到上用1、2、3、4、5、6、7、8八个阿拉伯数字来表示。斜线由同色格对角相连的斜行线路组成，共有26条。

如图 3，我们已经知道了棋盘上每个小方格都是直线和横线的交叉点，因此它们可用直线的小写拉丁字母和横线的阿拉伯数字结合起来表示。如 a 线上第 1 横线的小方格用"a1"来表示，b 线上第 2 横排的小方格用"b2"来表示，依次类推，这样棋盘上 64 个小方格都有了固定的名称。

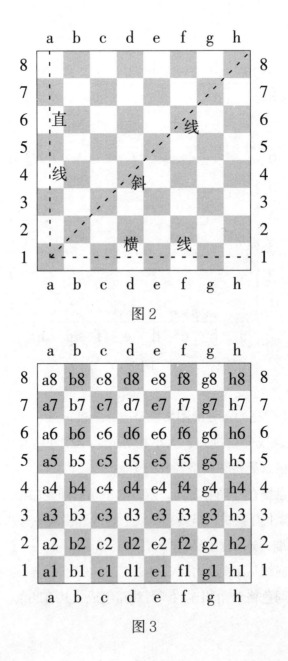

图 2

图 3

请参照图4和图5，由d4、d5、e4、e5这4个格子组成的区域称为"中心"，由c3-c6-f6-f3-c3组成的区域称为"扩大的中心"，一共有16个格子。

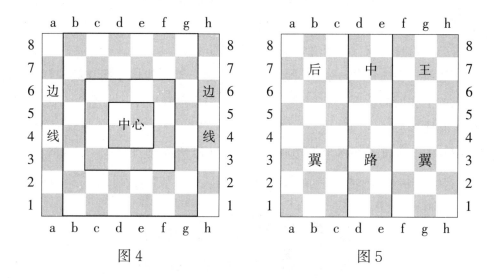

图4　　　　　　　　　图5

中心地带视野开阔，利于子力调动，是棋盘上最重要的制高点，尤其在开局中是双方争夺的要点。

第1和第8横线称为"底线"。底线是双方王在开局、中局阶段所处的地带，因此也是双方攻防的重要地带，要给予格外关照和高度重视。

a1、a8、h8、h1这4个小方格称为"角格"。

a、h两条直线称为"边线"。

a、b、c三条直线所组成的区域称为"后翼"。f、g、h三条直线所组成的区域称为"王翼"。d、e两条直线所组成的区域称为"中路"。

由同色小方格斜角相连而形成的线格称为"斜线"。斜线长短不一，最长的两条分别为a1-h8和h1-a8大斜线，最短的四条分别为a2-b1、a7-b8、g1-h2、h7-g8。在国际象棋中经常会出现斜线上的进攻，这也是初学者不易适应的线路，应引起注意。

总之，棋盘是国际象棋的战场，初学者一定要十分熟悉它，这对于今后的学习很有必要。

国际象棋棋子是立体形状的，造型古朴生动。一副国际象棋共有32个棋子，分成两组，每组16个棋子。浅色棋子是白棋，深色棋子是黑棋。

每方的16个棋子，分6个兵种：1个王、1个后、2个车、2个马、2个象和8个兵。

对局开始时，双方棋子在棋盘上的摆法如图6。

请注意，白方的棋子摆在第1、2横排上，黑方的棋子摆在第7、8横排上。双方王和后的位置不能摆错，一定要把白后摆在白格（d1格），黑后摆在黑格（d8格）。

图6中双方棋子在棋盘上摆放的位置，叫原始位置。

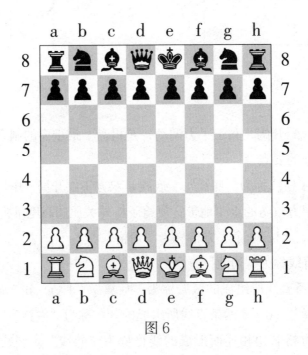

图6

白方各子在棋盘上的原始位置是：王e1，后d1，车a1和h1，马b1和g1，象c1和f1，兵a2、b2、c2、d2、e2、f2、g2、h2。

黑方各子在棋盘上的原始位置是：王e8，后d8，车a8和h8，马b8和g8，象c8和f8，兵a7、b7、c7、d7、e7、f7、g7、h7。

对局时，规则规定由白方先走，黑方后走，一次走一着，双方轮流走棋，直到对局分出结果为止。

练习

问题

（1）国际象棋一共有多少个格？

A. 32个格

B. 64个格

（2）棋盘的右下角应该是什么格？

A. 白格

B. 黑格

（3）摆棋时，白方的后应该摆在哪个颜色的格里？

A. 白格

B. 黑格

（4）对局开始时，谁先走？

A. 黑棋

B. 白棋

答案

（1）B （2）A （3）A （4）B

第2讲 王的走法

王直走、横走、斜走都可以，每次只能走一格。从图1中可以看到，王在a1时可以走到a2、b1、b2，王在e8时可以走到d8、d7、e7、f7、f8，王在e4时可以走到d3、d4、d5、e5、f5、f4、f3、e3，即图中带黑点的任一格内。

虽然王的移动每次只能走一格，但作用不可忽视，尤其在残局中王的作用尤为重要。

王和其他棋子的共同之处是：王在它能到达的格子上，可以把对方的任何子力吃掉（对方的王除外）。王和其他棋子不同之处是：王不能和对方任何子力交换，不能走到对方控制的格位内"送吃"，也不能吃有保护的棋子。

国际象棋被称为追捕国王的智力游戏，王的命运决定一局棋的结果。

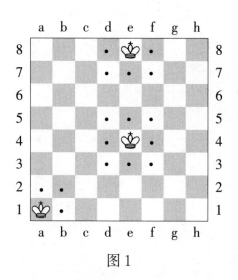

图1

王不同于其他棋子，它的价值不取决于它的战斗力。王代表一盘棋的胜负，从这个意义上说，王是最重要的棋子。在开局和中局阶段王是一个弱子，必须受到可靠的保护。在残局阶段，王的威力明显增大，尤其在王兵残局中它的作用尤为重要，实力评估当在一象（马）和一车之间。

练习

问题

在下面的4个图中都有一些错误，请把错误的地方找出来。

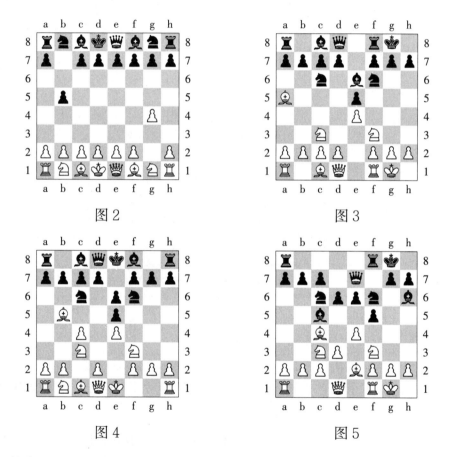

图2

图3

图4

图5

答案

图2　双方的王和后都摆反了。

图3　白方有两个黑格象，黑方有两个白格象。

图4　黑方多一个兵，白方多一个马。

图5　白方有两个白格象，黑方有两个黑格象。

第3讲 后的走法

后直走、横走、斜走都可以，格数可多可少不受限制。从图1中可以看到，后在中心d4格能走到的格子共27个，即图1中带黑点的任一格内。而在边线或角格能走到的格子各有21个。

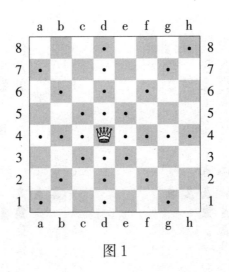

图1

后的吃子方法和走法一样。在后一步棋能到达的格子上，如果有对方的子力存在，后就能把这个子力吃掉。

由于后既可走直线和横线又可走斜线，因此它是战斗力最强的棋子，称为强子。如果用分值来表示一个棋子的价值，则后的分值是9分。但是在开局阶段，后又不宜贸然出动，以免受攻而失先。

如图2，白后横线捉象，直线捉马，斜线捉车，可见后的威力之大。黑方只好先逃车，让白后挑一个子吃。

当后的行动线路上有其他子力（包括己方和对方）阻碍时，后不能跳跃过

第 3 讲　后的走法

去行棋。

我们将图 2 稍加改动，形成图 3，由于白后在吃黑方车、马、象的线路上都有子力阻碍，因此白后现在不能吃这三个子了，只能吃 d6 兵。

图 2

图 3

练习

问题

想一想，图 4、图 5 中白后处在 e4 和 a8 格时分别能控制多少格子。

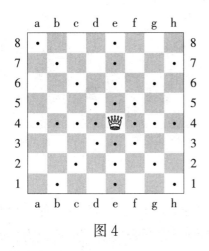

图 4

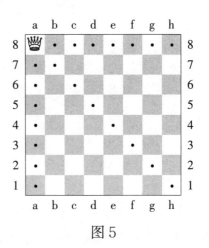

图 5

答案

图 4 和图 5 中带黑点的格子即白后的控制格。

第4讲 车的走法

车直走、横走均可，格数不限。如图1，白车可以向前、向后、向左、向右移动，即盘上带黑点的任意一格，共14个。如果白车要走到盘上不带黑点的任意一格，只需两步棋即可。

任意一个位置上的车，在没有其他子力（包括己方和对方）阻碍时，车控制的格子是一样的。因此在对局中通常把车放置在通路线上，这样才能发挥它最大的作用。

车的吃子方法和走子方法相同，图2中的白车可以吃掉图中任一黑子。

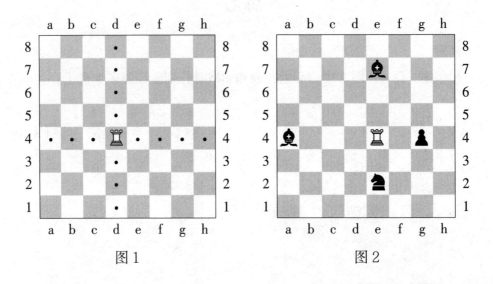

图1　　　　　　　　图2

车的威力仅次于后，也属于强子。车的分值是5分，价值相当于一个半马（或象）。车在中局阶段作用很大，与其他子力配合攻王，颇具威力。残局时，车的作用更能得到充分发挥。

车是远射程子力，价值仅低于后，虽然在开局中难有作为，但在中局、残

第4讲 车的走法

局中作用明显。一旦占领通路线又能迅速深入对方腹地（第2或第7横排），这时如同卡住对方王的咽喉，其威力就更大了。

练习

问题

想一想，图3、图4中白车处在e4和a1格时分别能控制多少格子。

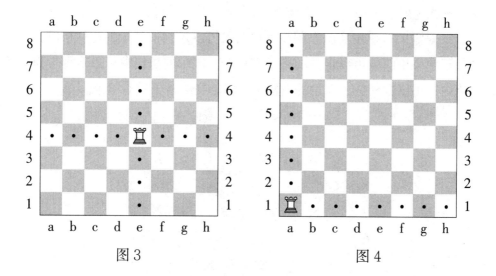

图3　　　　　　　　　　图4

答案

图3和图4中带黑点的格子即白车的控制格。

第5讲　象的走法

象沿斜线走，格数不限，和后、车一样也不能越子走子和吃子。每方有两个象，一个在白格，叫白格象，一个在黑格，叫黑格象。象的走法决定了象只能在同种颜色的格子中行动，可谓分工明确，各尽其责。

图1是象的行棋示意图。图中的白格象可以走到带叉子的任一格内，可以看到位于中心格的象可以走到的格子有13个。图中的黑格象可以走到带黑点的任一格内，可以看到位于盘角的黑格象可以走到的格子只有7个。

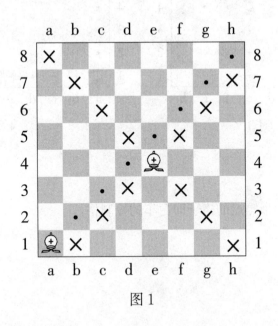

图1

象的吃子方法和行棋方法相同，象属于远射程轻子，动作迅速，十分灵活，而且隐蔽性强。尤其在开放性局面中，它的威力更大，在与后或车配合时颇具杀伤力。但是在封闭性局面中由于受到兵链的制约，其威力减弱。

象属于长武器，象和马的分值相等，都是 3 分，但作用不同。象和马相比，谁更厉害呢？这要根据局面的具体特征来回答。一般来说，在开放性的局面中象优于马，而在封闭性的局面中马优于象。象所控制的格子比马多，但它只能在一种颜色的格子上发威，活动范围只有半个棋盘；而马属于短武器，虽然控制的格子没有象多，但它能换色。因此它们功能不同，各有优劣。在开放性局面中，双象的优势更为突出，双象杀王要比马象杀王简单得多。

练习

问题

图 2 中的两个白象分别能吃到哪些黑子？

图 2

答案

图中的白格象可吃b5车或g2马，黑格象可吃a7兵、c3车、f6兵和g1马中的任一黑子。

第6讲　马的走法

马的走法与中国象棋的马一样，即走"日"字。与其他兵种不同，马是国际象棋中唯一可以越子行棋的棋子。马的分值是3分。

图1是马的行棋示意图。图中的马可走到任一带黑点格内，而且不受周围兵的限制，即没有蹩马脚的限制。

图2是马的吃子示意图。可以看出马的吃子方法和行棋方法一致，此时白马可以吃掉图中的任一黑子。

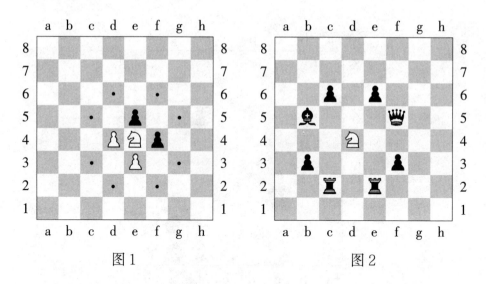

图1　　　　　　　　　图2

马的行棋方法独特，可归纳如下三个特点。

马的第一个特点，是在国际象棋各种棋子中，唯一可以越子行棋的棋子（包括己方和对方）。

如图3，在马的四周摆放了一圈棋子，但马仍可跳到图中带黑点的任一格子内。

马的第二个特点，是马越位于棋盘中心，所能到达或控制的格子就越多。

如图 4，显示出马在各种不同位置时所控制的格数。处在a8角格的马控制格只有 2 个，即图中b6格和c7格。处在g8格的马，由于位置接近盘角，所以它的控制格只有 3 个，即图中e7格、f6格及h6格。处在e1格的马，控制格有 4 个，即图中c2格、d3格、f3格、g2格。而位于中心及扩展中心的马，控制格最多共有 8 个，故有"马跳八方"之称。请你在棋盘上数一数。

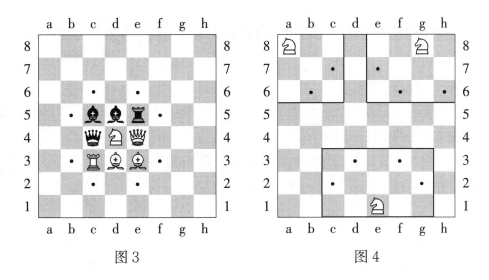

图 3　　　　　　　　　图 4

马的第三个特点，是马每走一步，就换一次颜色，因此又称"变色龙"。

马和象一样属于国际象棋中的轻子。马是近程行进的棋子，虽然调动较慢，但由于特点独特，穿透能力强，在某些封闭性局面中能完成其他子力不能完成的重任。

练习

问题

（1）处于盘角位置的马有几个控制格？

（2）处于边线位置的马有几个控制格？

（3）处于中心位置的马有几个控制格？

答案

（1）2　（2）3或4　（3）8

第 7 讲　兵的走法

兵只能向前直走，不能后退，也不能横走或斜走。在原始位置的兵可以根据情况向前直走两格或一格。凡是不在原始位置上的兵每步只能向前直走一格。兵的分值为1分。

图1是兵在原始位置时行棋示意图。图中d2兵和h2兵可以走到带黑点的任一格内（直走两格或一格）。

图2是兵不在原始位置时行棋示意图。图中d3兵和h5兵只能走到带黑点的格内（直走一格）。

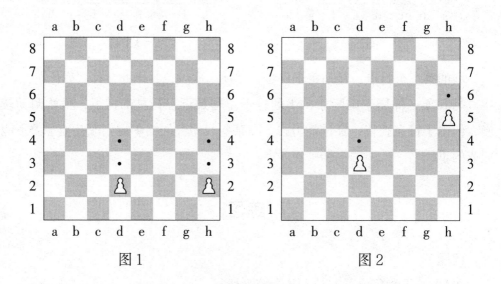

图1　　　　　　　　　图2

兵是六个兵种中唯一的走子方法和吃子方法不同的棋子。

它是直进斜吃的，如果兵在斜进一格内有对方的棋子（或兵）存在时，就可以吃掉它而占据此格。图3是兵吃子示意图。图中白d2兵可以吃掉c3黑车或e3黑马，黑g6兵可以吃掉f5白象或h5白兵。

图 4 所示是双方兵均不能吃子的情况：a2白兵前面有黑马，白兵是不能吃黑马的；白e4兵和黑e5兵对顶，互相阻挡形成"对顶兵"，这时双方的兵都不能前进或互吃；黑h7兵可以前进一格走到h6，但不能走到h5吃掉白h5象。

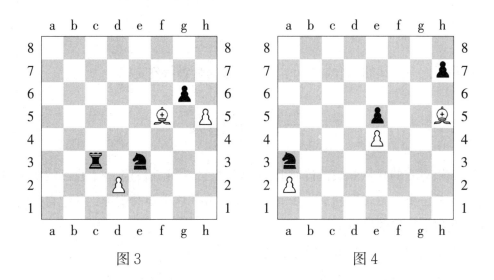

图 3　　　　　　　　　图 4

总之，兵的行棋着法是直着前进，但在它前进的格子上有棋子阻碍时，它就暂时无法移动，只能处于僵持状态。而吃子方法是斜进一格吃子。故概括为"直进斜吃"。

兵的分值虽然最小，价值最低，但它在对局中的作用不可忽视。兵最富于牺牲精神，为了局面的需要，弃兵的情况经常出现，它的每一次行动都会牵动着局势的走向。法国著名棋手菲利道尔曾精辟地指出："兵是象棋的灵魂。"

练习

问题

人们通常喜欢用不同的分值来表示国际象棋各种棋子的价值，请分述后、车、象、马和兵的分值。

答案

后是9分，车是5分，象和马是3分，兵是1分。

第8讲　兵的特殊走法

除了上一讲兵的一般走法外，关于兵还有两种特殊走法。

一、吃过路兵

如果对方的兵从原始位置向前走两格时，恰好和相邻直线上自己的小兵并排在一起，那么紧接着的下一步就可以把对方的这个小兵吃掉，并把自己的小兵放在斜吃一格的格位里。

图1是白e2兵在原始位置时的情况。

图2是白e2兵向前直走两格和黑d4兵并排在一起时的情况。

图3是黑d4兵吃过路兵以后形成的局面（即斜进一格吃掉e4的兵）。

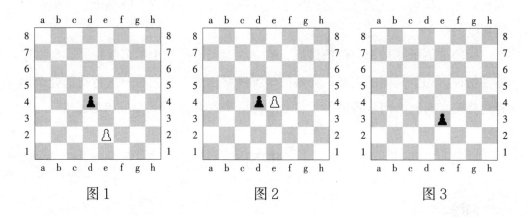

图1　　　　　　图2　　　　　　图3

必须加以说明的是：当出现可吃过路兵时，要想吃，必须立即就吃，不允许隔一步后再吃。

当出现可吃过路兵时，并不是非吃不可的，可根据具体情况来决定。

二、兵的升变

兵的价值虽小，但任何一个兵到达对方底线时（第1或第8横排），即可升变，可以变为后、车、马、象的任何一种棋子，但不能变为王，也不能不变。由于后的威力最大，因此一般应升变为"后"。但在某些特殊情况下，由于局势需要，升变时有时要变车甚至变马或象才有利。

兵一旦到底线，必须立即把要变的棋子摆在升变格内，这是升变的全过程，即一着棋的完成。随即所升变棋子的特性就生效了。

图4中白d7兵已冲至第7横排，可以直进一格至d8升变，也可以斜进一格吃c8黑马升变，也可以斜进一格吃e8黑车升变。显然此时吃e8黑车升变后是最好的一着。

图4

"麻雀虽小，五脏俱全"。兵的价值虽最小，但它的着法却颇为复杂。由于有兵的升变和吃过路兵的特殊规定，给国际象棋带来了变数和趣味性。在对局中兵的作用不容忽视，兵的走向和命运往往决定一局棋的结果。开局时，它快速抢占中心，限制对方子力的活动；中局时，它可以冲锋陷阵，夺营拔寨；残局时，常常利用兵的升变取得胜利。

练习

问题

（1）如图2，当黑d4兵可以吃过路兵时，是否允许黑方不用兵吃过路兵而走其他的棋子？

（2）如图4，当白d7兵吃e8黑车升变时，如要形成立即将军的局面应该升变为哪种棋子？

答案

（1）当然允许　（2）升变为马

第9讲　王车易位

除了兵有特殊着法以外，王和车也有特殊着法，这就是王车易位。

每局棋中，双方各有一次机会，用一步棋同时走两个棋子（王和车），即王向参加易位的车的方向横走两格，然后车越过王，放在和王紧邻的格子里。这就是王车易位。

王车易位时，王与王翼的车易位，称为"短距离易位"，简称"短易位"；王与后翼的车易位，称为"长距离易位"，简称"长易位"。

国际象棋规则规定，王车易位时要先走王，然后再动车，如果次序搞错，先动了车，再想进行易位是不允许的，这时只能按摸子走子的规定走车了。

如图1是双方王车易位前的情形。

如图2是双方王车短易位后的情形。

如图3是双方王车长易位后的情形。

图1

图2

图3

第9讲 王车易位

王车易位是十分必要的，它既可以把王转移到较为安全的一翼，又使车及时参加战斗，是一着两用、效率很高的着法。因此，在开局中出现的频率很高。

王车易位是有条件的，首要条件是：王和易位的那只车在易位前必须在原始位置（即没有走动过），如果走动过即使又回到原始位置，也不能再易位了。

此外，出现以下四种情况之一时，暂时不能进行王车易位：

① 王和参加易位的车之间还有别的棋子；
② 王正受到对方棋子攻击而形成"将军"；
③ 王经过的格子受到对方棋子的攻击；
④ 王到达的格子受到对方棋子的攻击。

当出现以上四种情况时，准备王车易位的一方必须先采取措施使上述情况消失，才能进行王车易位。

如图4，白方后翼王和车之间有马，因此暂时不能长易位，但可以向王翼方向短易位。同理，黑方王翼王车之间有象，因此暂时不能短易位，但可以向后翼方向长易位。

如图5，黑方走车e8"将军"，白方暂时不能易位，此时应走象e3垫将，因如走王避将，将失去了易位权利，对白方不利。

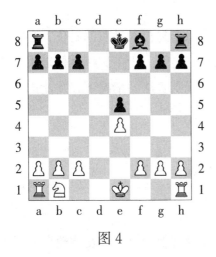

图4

图5

如图 6，黑b5象控制着f1格，因此白方暂时不能短易位。

而白方后翼车已动过了，已经丧失了长易位权利。

如图 7，白c4象控制着黑王短易位后到达的g8格，因此黑方不能短易位，但此时可以长易位。虽然白g3象控制着黑方后翼a8车的易位线路b8格，但我们在上面讲到易位的条件时，说的是王所在的格子和经过的格子及到达的格子受到对方棋子攻击时暂时不能易位，而车并不受此限制，因此黑方可以进行长易位。

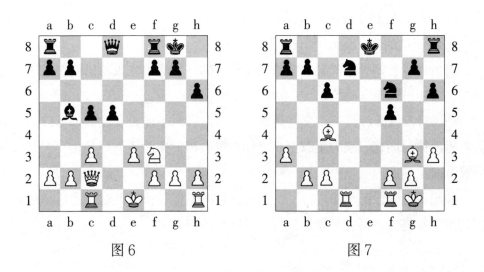

图 6　　　　　　　　图 7

需要强调的是，在对局中若出现不符合以上易位条件时的易位，必须及时纠正：要把王和车重新放回原格位，而只允许走王，为王选择其他走法（其中包括向另一方向易位）；只有在王没有合乎规则着法的情况下，才能选择其他着法。

练习

问题

下列各图中，双方自对局开始王和车均没有走动过，现在均轮白方行棋。请问白方能否进行王车易位？说说为什么。

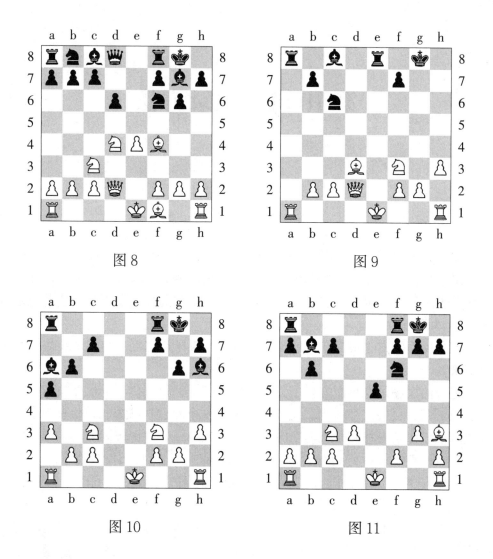

图8　　图9

图10　　图11

答案

图8　白方可以长易位，但不能短易位，因王和车之间有个白格象。

图9　白方暂时不能易位，因黑车正在将军。

图10　白方暂时不能易位，因黑方双象分别攻击着白方短易位王经过的f1格和长易位后王到达的c1格。

图11　白方两翼均可以易位，因为黑象攻击车（或车经过、到达的格子）时不妨碍易位。此局面白应正好选择短易位，若长易位则h1车被黑象换去会失分。

第10讲　记录方法

一、局面记录

我们在学棋时，为了不断积累知识和经验，常常把一些有教益的典型局面记录下来；或者在日常的训练对局中，一盘棋因故暂时没有下完，留在下次再接着下（称为封棋），这时就需要把下到一半的局面记录下来。这种记录方法，叫局面记录法。

记录局面的方法很简单，就是把双方每个棋子当时在棋盘上的位置逐个记录下来。

记录的次序是先写白方棋子，后写黑方棋子，每方棋子的次序按王、后、车、象、马、兵的次序排列。比如在c2格有一个象就写成象c2，f4有一个马就写成马f4，如某一种棋子有两个时，可写成象c4、g5。记录同方同种棋子的位置，要按照直线从a行到h行的顺序，如兵a2、b4、g4、h4。如果同一直线上有两个同方棋子时，要按照横排从1排到8排的顺序，如车d2、d5。

下面，举一个实例来说明。

如图1，是两位前世界冠军卡斯帕罗夫执白对卡尔波夫在第4次争霸战的第22局中的一个精彩片段。记录此局面如下。

白方：王g1，后e3，车e1，象b3，马c3、f3，兵a3、b2、d4、f2、g2、h4。

黑方：王g8，后b8，车a8，象f6、g6，马d7，兵a5、b5、c6、f7、g7、h5。

做局面记录时，首先要保证准确无误，其次是格式规范，此外还应力求工整、秀丽。

图1

二、对局记录

国际象棋的对局记录方法是学习国际象棋的必修知识，它是国际象棋的语言，是棋手之间棋艺交流的工具，也是对自己下过的棋或研究学习高手棋局进行复盘分析的手段。

国际象棋的对局记录方法有好几种，从实用角度考虑，这里只介绍国际上普遍采用的坐标记录法。

对局记录有完整记录和简易记录两种形式。通常在书刊、杂志上看到的多是完整记录，而在比赛或训练中则多采用简易记录。

（一）完整记录法

首先记棋子名称，再记棋子原来所在格位，接着加符号"－"或"×"，最后标出棋子新到达的格位。符号"－"表示到达；符号"×"表示吃子。举例说明：如马从g1格到达f3格，就记为马g1－f3；而马从f3吃掉对方d4格位上的棋子时，就记为马f3×d4。又如后从d4格到达a7时，就记为后d4－a7；而后从a7吃掉对方e7格位上的棋子时，就记为后a7×e7。兵不必记名称，只记它原来所在格位，接着加符号"－"或"×"，最后标出兵新到达的格位，如e2－e4或e4×d5。在兵升变时，应在该着记录后写清变了什么，如b7－b8（后）或c7－c8（车）。

（二）简易记录法

在简易记录中则省略了棋子原来所在的位置，如马f3、e4，在吃子时应在棋子名称和新到达的格子之间加写"×"，如马×f3、车×c8、王×a2、e×d5、b×c1（后）、e×f1（车）等。如果是两个相同的棋子都可以到达同一格子或吃掉对方的同一个棋子时，为了区分走动的是哪一个，就要在棋子名称后面加记其原来所在格位的标志。如白b1马和f3马都能跳到d2时，写马bd2表示马b1－d2，而写马fd2则表示马f3－d2。又如，白方双车分别在a1和f1都能到达e1时，则以车ae1或车fe1加以区别；黑方双车分别在c8和b5均能吃到白方c5格的棋子时，则以车c×c5和车b×c5加以区别。

采用上述两种记录方法时，王车易位时都用"0－0"表示短易位，用"0－0－0"表示长易位。

此外，在做对局记录以及阅读有关专业棋刊书籍时，还有一些特定的记录符号及各种棋子英文大写字母缩写需要知道：

+：将军　　　　　　　　　　　　#：将死

!：好棋		!!：妙着	
?：坏棋		??：败着	
e.p.：吃过路兵		=：均势	
±：白方稍优		∓：黑方稍优	
±：白方优势		∓：黑方优势	
+−：白方胜势		−+：黑方胜势	
!?：值得注意		?!：有疑问	
∽：任意一着		∞：形势不明	
1−0：白胜		0−1：黑胜	
1/2−1/2：和棋			

王：K　后：Q　车：R　象：B　马：N　兵：P

在参加正规比赛时，必须要做对局记录。对局开始前，要在大会裁判组统一发给的记录纸上，写清双方姓名、比赛地点、比赛日期及台次、轮次等。对局开始后，依次记好每一回合的着法。对局结束时，要写明结果，并双方签名，然后交裁判组由主办方统一存档。

我们学习了记录的方法，也了解了棋谱上各种符号所表示的意思，要想掌握并熟悉记录方法，只有通过应用才行。

下面附一个实战对局，请你对照棋谱认真摆一摆。

我们用完整记录法和简易记录法记录同一例局，请进行比较和欣赏。

完整记录：

白方　奇布尔达尼泽（格鲁吉亚）

黑方　谢军（中国）

女子世界冠军赛第8局

1991年10月12日　弈于马尼拉

1. e2−e4	e7−e5	2. 马g1−f3	马b8−c6
3. 象f1−b5	a7−a6	4. 象b5−a4	马g8−f6
5. 0−0	象f8−e7	6. 车f1−e1	b7−b5
7. 象a4−b3	0−0	8. d2−d3	d7−d6
9. c2−c3	马c6−a5	10. 象b3−c2	c7−c5
11. 马b1−d2	车f8−e8	12. 马d2−f1	马a5−c6
13. h2−h3	象c8−b7!	14. 马f1−g3	象e7−f8
15. 马g3−f5	马c6−e7	16. 马f5×e7+	象f8×e7
17. a2−a4	象e7−f8	18. 象c1−g5	h7−h6

19. 象g5 – h4　　象f8 – e7　　20. d3 – d4　　后d8 – c7!（图2）

双方在布局中展开激烈角逐。由于黑方布局策略成功，防守准确有力，至此，白方的先手已被化解，局面均势。

21. d4 × e5　　d6 × e5
22. 后d1 – e2　　c5 – c4
23. 车e1 – d1　　后c7 – c5!
24. 马f3 – h2?!　　b5 – b4!
25. c3 × b4　　后c5 × b4
26. 马h2 – f3　　马f6 – h5!
27. 象h4 × e7　　后b4 × e7
28. g2 – g3　　后e7 – e6
29. 王g1 – h2　　马h5 – f6
30. 车a1 – a3!　　a6 – a5
31. 车a3 – e3!　　象b7 – c8
32. 后e2 – f1　　车a8 – b8
33. 车d1 – b1　　象c8 – a6
34. 后f1 – e1　　车b8 – b4
35. b2 – b3　　车e8 – b8
36. b3 × c4　　马f6 – d7!?
37. 车e3 – b3　　后e6 × c4
38. 车b3 × b4?　　a5 × b4
39. 象c2 – b3　　后c3 – d3!
40. 后e1 – d1　　后d3 × d1
41. 车b1 × d1　　马d7 – c5
42. 车d1 – b1　　象a6 – d3
43. 车b1 – b2　　象d3 × e4
44. 马f3 × e5　　马c5 × b3
45. 车b2 × b3　　象e4 – d5
46. 车b3 – b2　　b4 – b3
47. 马e5 – d3　　f7 – f6?
48. g3 – g4　　象d5 – c4
49. 马d3 – c5??（图3）

图2

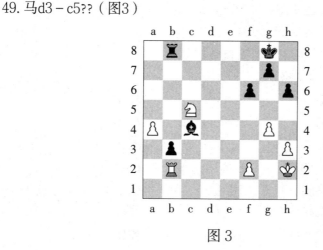

图3

最后的败着。此时应走49.马c1，尚可守住。例如：49.…… 车b4 50. a5 车a4 51. 马×b3 车b4 52. a6 象×a6 53. 车a2 象c4 54. 车a8+ 王h7 55. 马d2

这时谢军机敏地抓住这一机会，步步紧逼使得白方陷入了被动局面。

49.…………   车b8-c8！   50. 马c5-e4   象c4-d5

51. 马e4-g3   车c8-a8！   52. 马g3-e2   车a8×a4

53. 马e2-c3（图4）

图 4

白方最后的希望，指望黑方53.…车a5或53.…车d4以后，54. 马×d5 车×d5 55. 车×b3 守和。但黑方走出：

53.…………   车a4-a2！

使白方幻梦破灭。

54. 车b2-b1   车a2×f2+   55. 王h2-g1   车f2-g2+

56. 王g1-f1   车g2-h2   0-1

至此，白方见大势已去、无力抵抗，遂认输。

简易记录（姓名等项从略）：

1. e4	e5	2. 马f3	马c6
3. 象b5	a6	4. 象a4	马f6
5. 0-0	象e7	6. 车e1	b5
7. 象b3	0-0	8. d3	d6
9. c3	马a5	10. 象c2	c5
11. 马bd2	车e8	12. 马f1	马c6
13. h3	象b7！	14. 马g3	象f8

15. 马f5	马e7	16. 马×e7+	象×e7
17. a4	象f8	18. 象g5	h6
19. 象h4	象e7	20. d4	后c7!
21. de	de	22. 后e2	c4
23. 车ed1	后c5!	24. 马h2?!	b4!
25. cb	后×b4	26. 马f3	马h5!
27. 象×e7	后×e7	28. g3	后e6!
29. 王h2	马f6	30. 车a3	a5!
31. 车e3!	象c8	32. 后f1	车b8
33. 车b1	象a6	34. 后e1	车b4
35. b3	车eb8	36. bc	马d7!?
37. 车eb3	后×c4!?	38. 车×b4?	ab
39. 象b3	后d3!	40. 后d1	后×d1
41. 车×d1	马c5	42. 车b1	象d3
43. 车b2	象×e4	44. 马×e5	马×b3
45. 车×b3	象d5	46. 车b2	b3
47. 马d3	f6?	48. g4	象c4!?
49. 马c5??	车c8!	50. 马e4	象d5
51. 马g3	车a8!	52. 马e2	车×a4
53. 马c3	车a2!	54. 车b1	车×f2+
55. 王g1	车g2+	56. 王f1	车h2

白方认输　　　　0-1

学会了读谱和记录方法，就可以随时抽时间自己欣赏和研究更多精彩的棋局了。这对你的兴趣培养和棋艺水平的提高都是很有益的。

练习

问题
请说明以下符号或字母所代表的意义：
（1）×　（2）+　（3）#　（4）Q　（5）R　（6）N
答案
（1）吃子　（2）将军　（3）将死　（4）后　（5）车　（6）马

第11讲　胜负

对局的直接目的是将死对方的王，怎样才算将死王呢？我们先要从将军谈起。当一方的棋子攻击对方王的时候，即在下一着要把王吃掉的时候，称为"将军"，简称"将"。

如图1，黑王被b1白车将军；如图2，黑王被b2白象将军；如图3，白王被e2黑马将军；如图4，白王被f3黑兵将军。

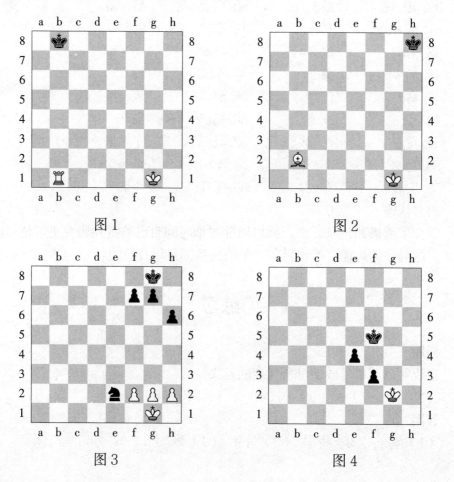

图1　　　　　　　　图2

图3　　　　　　　　图4

将军的形式还有下面几种情况。

双将：一方有两个棋子同时攻击着对方的王。

如图 5，白方后和马同时攻击 b7 黑王；如图 6，黑方车和象同时攻击 f2 白王，这均为双将。

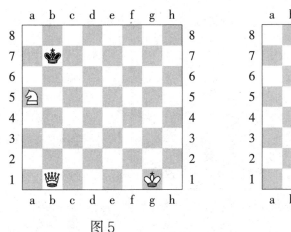
图 5

图 6

闪将：一个棋子为另一个棋子让出线路形成将军，称为闪将。它是最具威胁的将军形式，因为它在将军时闪开的棋子还可以攻击到对方重要的棋子（或格位）。

如图 7，白方多一马，但轮黑方走棋，黑方走车 d3-d2 闪将抽后，一举获得胜势。请注意这时可别走车 d1，因白方可以走王 a2；黑也不能走车 g3，因白方可走后 c2，黑一无所获。

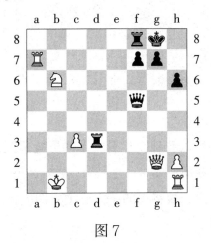
图 7

抽将：一方棋子在将军的同时也可以吃掉对方棋子，称为抽将。抽将在对局中经常出现。

如图8，白方e5车正在将军抽吃e2黑象；如图9，黑方f3马正在将军抽吃h4白后。

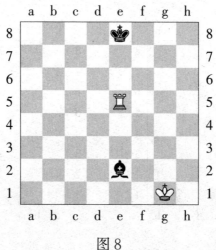

图8

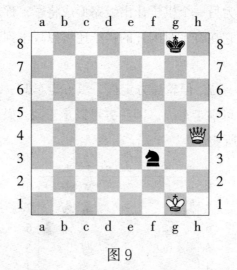

图9

从上面的图例我们可以看到，尽管将军的形式不同，但它们的目的相同，那就是通过将军来获得利益。

在对局时，规则规定，被将军的一方必须立即应将。

应将的方法有三种：

①吃子解将：吃掉对方攻击王的棋子。
②避将：将王从被攻击的格子走到不受攻击的格子。
③垫将：用棋子挡住对方攻击王的棋子。

如图10，白方可选择用车或兵吃掉黑方f3马解将。如图11，黑方可选择用象或马吃掉白方h3车解将。这都为吃子解将。

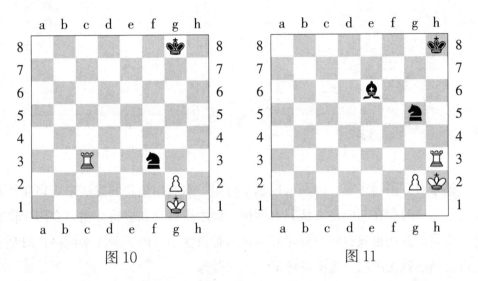

图10　　　　　　　　　　图11

如图12，白车a1将军，黑王可选择移到b7或b5格。如图13，黑象b7将军，白方只能把王移到g1格。这都为避将。

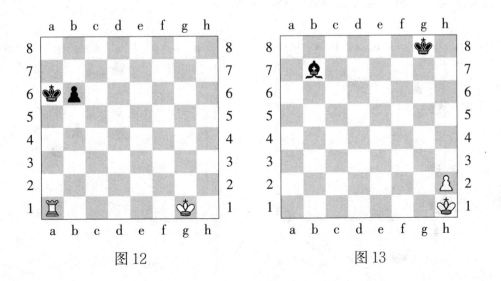

图12　　　　　　　　　　图13

如图14，白王为解除黑b8车将军，可选择马b4或象b4阻拦，称垫将。如图15，黑王为解除白d3象将军，可选择象g6或兵g6进行阻拦，也称垫将。

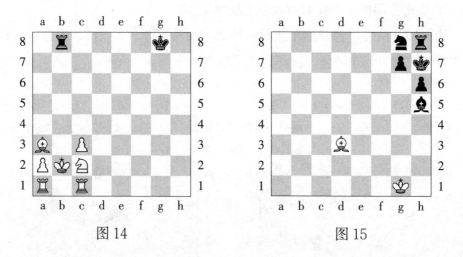

图 14　　　　　　　　　　图 15

如果对方用马将军，因马可以越子行走，那么用垫将的方法来应将显然就不行了，这时存在的应将方法只有两种，即吃子解将和避将。当对方用兵将军时，应将的方法也只有吃子解将和避将两种方法了。因兵所攻击的格位只是邻近格，当然就无法用垫将来应将了。

如图16，白马正在c5将军，黑方可以选择用象吃c5马，或把王避开解将，而无法用垫将来完成应将。如图17，黑马正在h4将军，白方可选择用车吃h4马或把王避开解将，也无法用垫将完成应将。

图 16　　　　　　　　　　图 17

如图18，白b5兵将军，黑方可选择用a6兵吃b5兵，或把王避开应将。如图19，黑d3兵将军，白方不能用王吃d3兵（因有e4兵保护），此时，只能用避王来完成应将。

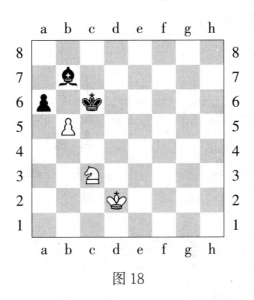

图 18

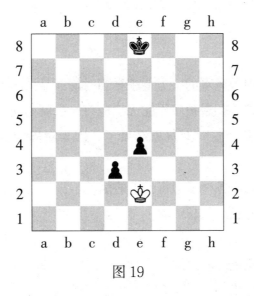

图 19

当被对方双将时，存在的应将方法就只有一种，即避将。因为对方有两个子在同时将军，所以吃子解将和垫将都不起作用。

如图20，白e1车和b5象在同时将军，形成双将，这时黑方用兵吃象则白车将军，用象d7（或象e6）垫将也是隔挡开这个拦不住那个，所以黑方此时的应将方法只有避将一种，即王d8。

图20

总之，在对局中被将军的一方要根据当时局面具体情况，选择三种应将办法中的一种方法应将。如果被将军时无法应将，也就是说无法避免下一着被对方吃王，就叫被将死，这时对局就结束了，因为对局的直接目的是将死对方的王。

下面各图分别是用各种子力将死王的例子。

图21是用后将死王。

图22是用车将死王。

图23是用象将死王。

图24是用马将死王。

图25是用兵将死王。

第 11 讲　胜负

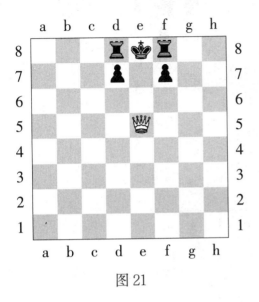

图 21

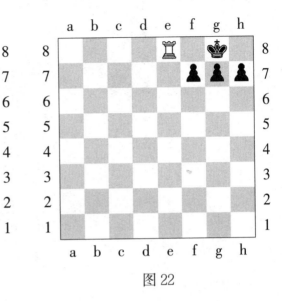

图 22

图 23

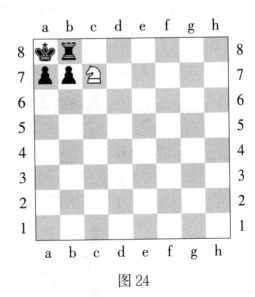

图 24

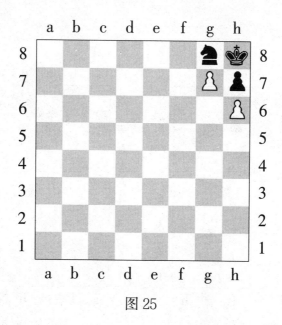

图 25

为了使大家进一步知道什么叫将死,下面再列举一些五兵种的基本杀式。请看图26~图30,记住这些典型杀王还是很有必要的。

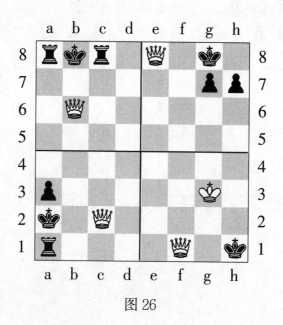

图 26

第11讲 胜负

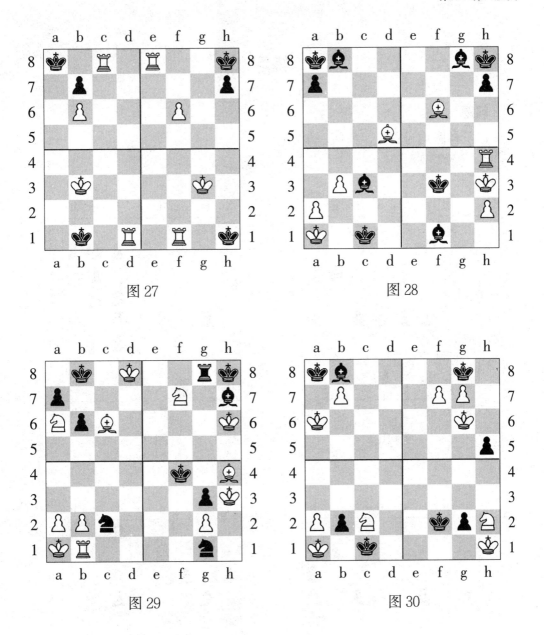

图27　　　　　　　　图28

图29　　　　　　　　图30

将死是初学者对局时决出胜负的常见情况。

除被将死外，还有以下两种情况来判定胜负。

① 由于一方大势已去，主动放弃抵抗，爽快认输。

② 在正式比赛中，对局是有时间限制的，如果超过了规定的时限即为输棋，称为超时判负。

练习

问题

以下各图均为白先,如何一步杀?

图 31

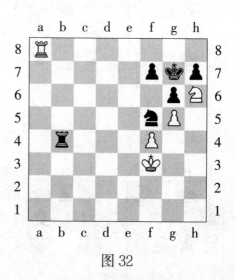

图 32

图 33

图 34

第 11 讲　胜负

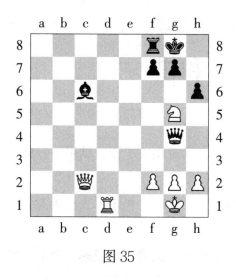

图 35

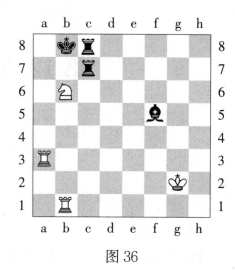

图 36

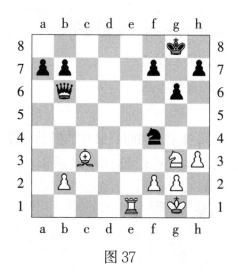

图 37

图 38

答案

图31　1. 车b1 - e1 #　　　图32　1. 车a8 - g8 #

图33　1. 象c5 - f2 #　　　图34　1. 马d7 - b6 #

图35　1. 后c2 - h7 #　　　图36　1. 马b6 - d7 #

图37　1. 车e1 - e8 #　　　图38　1. 0 - 0 - 0 #

第12讲 和棋

一盘棋的结果除胜负外，还有和棋。双方谁也赢不了谁，结果不分胜负，称作和棋。

理论和棋：当双方所剩子力都不足以将死对方时，再走下去已无意义，于是，以和棋告终。

比如，双方都只剩下一个王，即单王对单王；或者一方只剩一个王，另一方只剩一个王和一个象，即单王对王和象；或者一方只剩下一个王，另一方只剩下一个王和一个马，即单王对王和马……这些都属于理论上公认的和棋，叫作理论和棋，也叫官和。上述情况双方决不出胜负，按规则应判为和棋。

如图1所示，是双方均无法取胜的四例理论和棋实例。

除了理论和棋之外，还有以下三种主要的和棋形式。

1. 无子可动和棋

当一方走棋时，王没有被将军，但王无路可走，同时自己其他棋子也都无法走动（无子可动），这种局面，就算和棋，称为无子可动和棋或逼和。

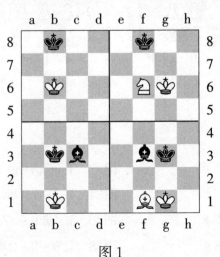

图1

2. 长将和棋

一方连续不停地将军,而对方的王又无法避免被将军的局面,按规则判和棋,这叫长将和棋。

3. 三次重复局面和棋

对局中同一局面将要或已经第三次出现,而且每次都由同一方走棋,轮走棋的一方提出,经裁判核准后判为和棋。

下面我们把这三种情况分别举例说明。

图2~图9局面中均轮黑方走棋,都是逼和的实例。

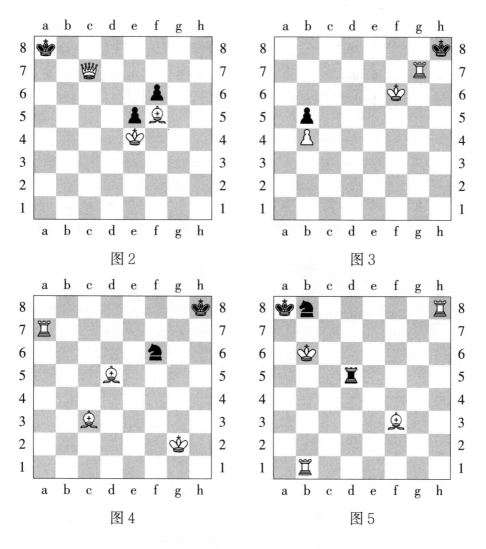

图2　　　　　　　　图3

图4　　　　　　　　图5

图 6

图 7

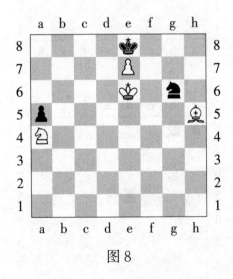

图 8

图 9

如图10，轮白方走棋，白无法兼顾黑后底线杀和g2格杀，但可以利用长将和的规则，以主动出击的策略挽救对局。着法如下：

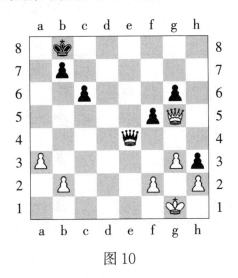

图 10

1.后g5－d8+! 王b8－a7 2.后d8－a5+ 王a7－b8 3.后a5－d8+

如此循环往返，即形成长将和棋。

如图11，黑方子力占优，且白方马和象都在黑方嘴里，形势危急，但白方利用另一种形式的长将：

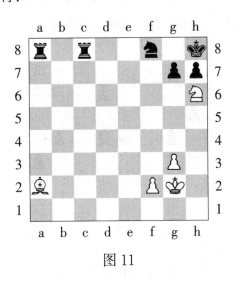

图 11

1.马h6－f7+! 王h8－g8 2.马f7－h6+ 王g8－h8 3.马h6－f7+

白方马象配合形成长将，挽救了劣势局面，成功求和。

如图12，黑方面临白方c7升后被杀的困境，但黑方利用"杠子车"（双车相互保护）的威力长将：

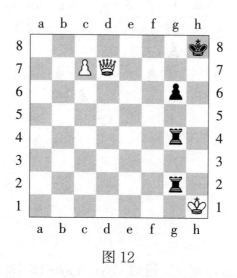

图 12

1.………… 车g2－g1+！ 2.王h1－h2 车g1－g2+ 3.王h2－h3 车g2－g3+
白王无法避开长将，和棋。

如图13，是象兵残局中的一个局面，第40回合白方走的是象c6－e8，使本局面第一次出现。轮黑方走棋，黑方象e6－f5保g6兵。

图 13

以下是41.象e8-c6 象f5-e6 42.象c6-e8，使图中局面第二次出现。接着黑方走42.……象e6-f5 43.象e8-c6 象f5-e6。

这时，执白棋的一方，向裁判提出他将走44.象c6-e8，形成三次重复局面。经裁判审核，正确无误，判为和棋。

如图14，轮黑方在第51回合走棋，黑方多兵。白方以精确的防守使黑方难以进展，形成三次重复局面。

图14

51.…………	车g5-d5	52.王f3-f4	车d5-d4+
53.王f4-e3	车d4-d5	54.王e3-f4	车d5-g5
55.王f4-f3	车g5-f5+	56.王f3-e4	车f5-g5

这时白方向裁判提和，称他将走王e4-f3，形成三次重复局面。经裁判检验准确无误，判为和棋。

如图15这个例子挺有意思，白方处于劣势，看似难以守和，但经过精确计算，白方利用巧妙的弃象阻挡，将黑车引入王口，化险为夷。

显然1.c8（后）不行，因1.……象f5+，黑胜势。

1.象f6-g5! 车h5×g5 2.c7-c8（后）象b1-f5+
3.王e6-f6 象f5×c8 4.王f6×g5

形成王象对单王的官和局面。

如果黑方不接受弃象走1.……车h8，则2.象d8 车h5 3.象g5 车h8 4.象d8 车h5，形成长拦局面，也是和棋。

图 15

总之，白方充分利用和棋规则，得到满意的结果。

除了以上所讲的几种主要和棋，还应该知道有双方同意和棋及五十回合规则和棋。

1. 双方同意和棋

对局中一方出于某种考虑，在自己刚走出一着棋后，向对方提出和棋，对方如无异议，即以和棋告终。这种和棋形式，称作双方同意和棋。

2. 五十回合规则和棋

当轮到走棋的一方提出，至少在五十回合中，双方没有走动一个兵，也没有吃过任何一个子，经裁判检验无误宣告和棋。

国际象棋的和棋规则较为复杂，也十分重要，尤其应熟悉并掌握有关逼和、长将、三次重复局面这三种和棋规定。在劣势时要善于利用规则，争取和棋；反之，在优势时不可掉以轻心，以防对手逃之夭夭。

练习

问题

图16和图17均轮白方走棋，是逼和吗？

图18~图23均轮黑方走棋，如何和棋？

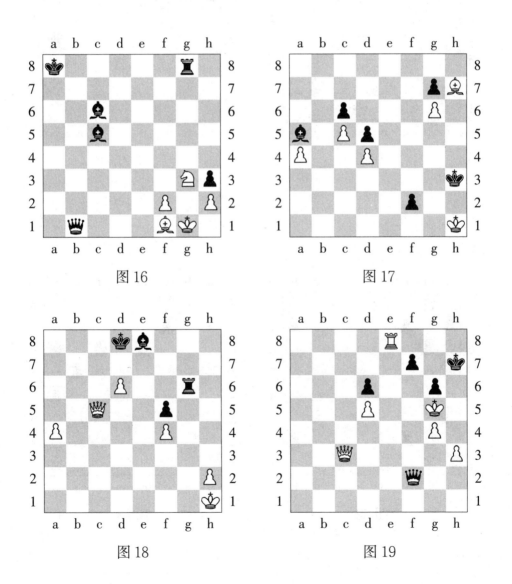

图 16

图 17

图 18

图 19

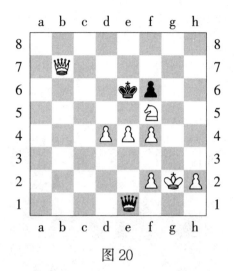

图 20

图 21

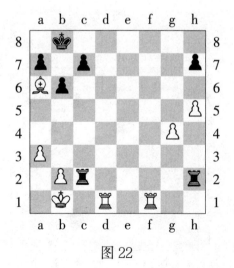

图 22

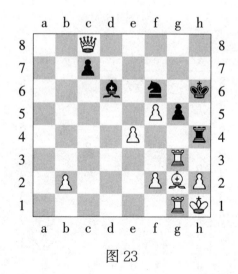

图 23

答案

图16　是逼和局面。因为白方马象和f2兵均被牵制，h2兵与黑h3兵对顶，王的行动格子g2和h1被c6象和h3兵所控制，因此哪个棋子也不能动，王又没被将军，当然是逼和了。

图17　不是逼和局面，因为虽然白王和兵都不能动，但可走象g8。之后黑f2兵到f1升后或升车，形成将杀，黑胜。

图18

1. ………… 象e8－c6+ 2. 后c5×c6 车g6－g1+
3. 王h1×g1 逼和

图19

1. ………… f7－f6+ 2. 后c3×f6 后f2－h4+
3. 王g5×h4 g6－g5+ 不论白如何应将均为逼和

图20

1. ………… 后e1×f2+ 2. 王g2－h3 后f2×h2+
3. 王h3－g4 后h2－h3+ 4. 王g4×h3 逼和

图21

1. ………… 后h4－f2+ 2. 王h2－h1 后f2－f1+
3. 王h1－h2 后f1－f2+ 长将和

图22

1. ………… 车c2×b2+ 2. 王b1－a1 车b2－a2+
3. 王a1－b1 车a2－b2+ 长将和

图23

1. ………… 车h4×h2+ 2. 王h1×h2 马f6－g4+
3. 王h2－h3 马g4×f2+ 4. 王h3－h2 马f2－g4+
长将和

第13讲 双车杀单王

双车杀单王，可以不用王的帮助，通过用双车交错将军，把对方王逼到底线（或边线），就可以将杀。

如图1，白先。

白方用双车错的方法取胜，着法如下：

1. 车a1－a4   王e5－d5   2. 车h1－h5+   王d5－c6
3. 车a4－a6+   王c6－b7   4. 车a6－g6   王b7－c7
5. 车h5－h7+   王c7－c8   6. 车g6－g8#

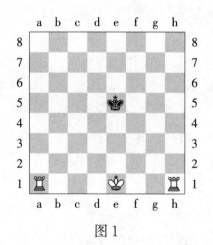

图1

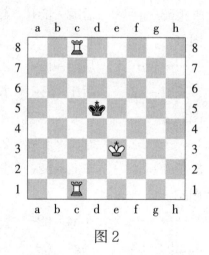

图2

如图2，如果白王能参战，也可在棋盘中心杀单王。

双方王在棋盘中心形成马步形，白方只要用车控制黑王，迫使其主动对王，即可成杀。

1. 车c8－c6!   王d5－e5   2. 车c1－c5#

练习

问题

以下各图均为白先,如何取胜?

图 3

图 4

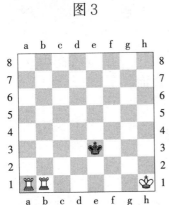

图 5

图 6

答案

图3　1.后d1 – d7+　王c8 – b8　2.后d7 – c7 #

图4　1.后h3 – d7 #

图5　1.车a1 – a4　王e3 – d3　2.车b1 – b3+　王d3 – c2

　　　3.车b3 – g3　王c2 – b2　4.车a4 – f4　王b2 – c2

　　　5.车f4 – f2+　王c2 – d1　6.车g3 – g1 #

图6　1.车b7 – b6　王e5 – d5　2.车f2 – f5 #

第14讲　后杀单王

单后杀王如果只用后去将军，显然是不能杀王的。要将杀对方的王，必须要依靠己方王的帮助，把对方的王逼到棋盘的边上或角格才行。

如图1所示，是单后在王的配合下杀王定式。

在追杀过程中，由于后的控制点多，因此，要始终注意不要让单王方无子可动，千万别形成逼和。

如图2所示，轮黑方行棋便成了无子可动局面。

如图3，白先。

黑王位于棋盘中心，白方如何追捕黑王呢？

1. 后h1－c6!

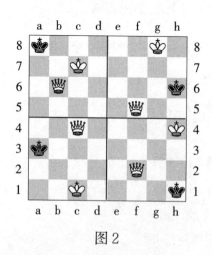

图2

图3

注意，后和黑王形成"马步"，用来缩小黑王活动范围，这是单后杀单王中十分重要的手段。

1. ……   王e5－d3   2. 王e1－d2！

一旦形成"马步"，则要及时上王助战。

2. ……   王d4－e5   3. 王d2－e3   王e5－f5

黑王被迫撤离中心。

4. 后c6－d6   王f5－g5   5. 后d6－e6   王g5－h4

6. 后e6－g6   王h4－h3

至此，白方王、后配合把黑王逼迫到边线。黑王面临将杀。

7. 王e3－f3   王h3－h4（h2）   8. 后g6－g4（g2）#

练习

问题

图4和图5均为白先，如何两步杀？

图 4

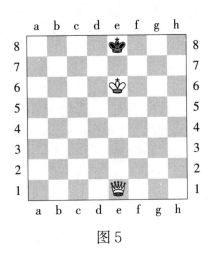

图 5

答案

图4   1. 王a6－b6！   王b8－a8   2. 后c1－c8 #

图5   1. 后e1－b4！   王e8－d8   2. 后b4－b8 #

第15讲　车杀单王

车杀单王取胜的方法是车借助王的帮助，结合控制、对王、等着战术，把单王逼到棋盘边上或盘角将杀。

图1是车杀单王的最后阶段。白方先走，白车可以在d线或第1横排任意走一着，这在国际象棋术语中称为"等着"；白王与黑王同处在d线，隔一横排相对，这在国际象棋术语中称为"对王"。

对王和等着在单车杀单王中起着重要作用。

1. 车d1－a1！

必要的等着。当然白车不一定非走车a1，随便走哪都行，目的是把走子权交给黑方，以观其变，再做定夺。

1. …… 王d8－e8　2. 车a1－f1（控制战术，迫使黑王对王）

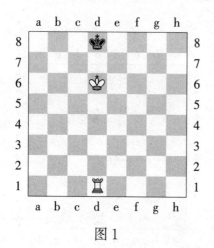

图1

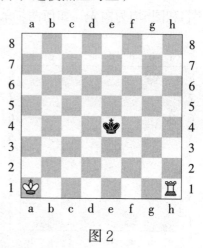

图2

2. …… 王e8－d8（形成对王，这是将杀的时机）　3. 车f1－f8#

图2是黑方王位于棋盘中心时，白方追捕黑王的例子。

白先着法如下：

1. 王a1－b2　　　王e4－d4　　2. 王b2－c2　　　王d4－e4
3. 王c2－c3　　　王e4－e5　　4. 王c3－c4

白王要和黑王形成马步，迫使黑王对王，这时及时打将，迫使黑王撤离中心。

4. ……………   王e5－e4   5. 车h1－e1+   王e4－f5
6. 王c4－d4   王f5－f4   7. 车e1－f1+   王f4－g5
8. 王d4－e4   王g5－g6   9. 王e4－e5   王g6－g5
10. 车f1－g1+   王g5－h4   11. 王e5－f5   王h4－h3
12. 王f5－f4   王h3－h2   13. 车g1－g3   王h2－h1

白方王车配合把黑王逼到盘角，迫使黑王就范。

14. 王f4－f3   王h1－h2   15. 王f3－f2   王h2－h1
16. 车g3－h3 #

黑王在盘角无须对王，即可将杀。

练习

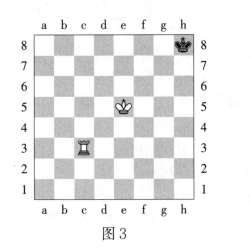
图 3

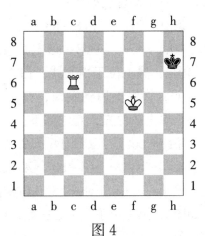
图 4

问题

图3和图4均为白先，如何取胜？

答案

图3 1. 王e5－f6   王h8－h7   2. 车c3－c8   王h7－h6   3. 车c8－h8 #
图4 1. 车c6－c7+   王h7－g8   2. 王f5－f6   王g8－h8
     3. 王f6－g6   王h8－g8   4. 车c7－c8 #
或   1. 王f5－f6   王h7－g8   2. 车c6－c7   王g8－h8
     3. 王f6－g6   王h8－g8   4. 车c7－c8 #
又如 1. 王f5－f6   王h7－h6   2. 车c6－a6   王h6－h5
     3. 车a6－a4   王h5－h6   4. 车a4－h4 #

总之，定式是死的，杀法是灵活的，可谓异途同归。

第 16 讲　双象杀单王

互相配合的双象在四条交叉相邻的斜线形成了密集的火力网，威力很大。

双象杀单王也需要在王的配合下，把对方王赶到棋盘角格或紧靠盘角的边线上成杀。

如图 1，黑王位于棋盘边上，白方可轻易取胜。白先，着法如下：

1. 象b1－f5+　　王c8－b8
2. 象h4－g3+　　王b8－a8　　3. 象f5－e4#

如图2，黑王位于次底线，白方双象在王的配合下，将黑王逼到底线，在接近盘角的底线将杀单王。白先，着法如下：

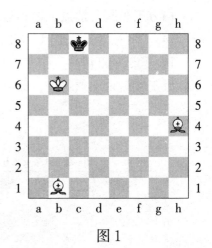

图 1

1. 象f3－c6!　　王c7－b8　　2. 王c5－b6　　王b8－c8
3. 象c6－b5!　　王c8－b8　　4. 象b5－a6!　　王b8－a8
5. 象a6－b7+　　王a8－b8　　6. 象g5－f4#

如图3，黑王位于大中心区域，白方取胜自然要着法多些，请看实施过程：

1. 象c3－e5

控制黑王，不让它逃向王翼。

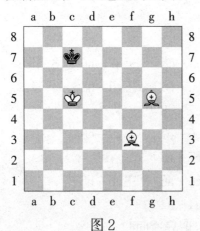

图 2

图 3

1. ……………   王c5－c6   2. 象b3－e6
组成新的封锁网，限制黑王活动。
2. ……………   王c6－c5   3. 王c2－c3
白王及时助战，很必要。
3. ……………   王c5－c6   4. 王c3－c4   王c6－b6
5. 象e6－d7   王b6－a6   6. 王c4－c5   王a6－b7
7. 王c5－b5   王b7－a7   8. 象d7－c8   王a7－a8
第一阶段的任务已完成，黑王被逼到盘角。
9. 象c8－a6   王a8－a7   10. 象e5－d4+   王a7－a8
11. 王b5－b6
现在白王已到达预定格位，离取胜不远了。
11. ……………   王a8－b8   12. 象d4－e5+   王b8－a8
13. 象a6－b7 #

练习

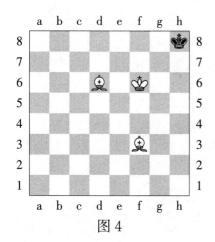
图 4

图 5

问题

图4和图5均为白先，如何三步杀？

答案

图4　1. 王f6－g6   王h8－g8   2. 象f3－d5+   王g8－h8
　　　3. 象d6－e5 #

图5　1. 象c6－e8!   王a1－a2   2. 象e8－f7+   王a2－a1
　　　3. 象c5－d4 #

第17讲　马象杀单王

马象杀王是杀单王中最为复杂的，有较大难度。因此，在实战中，占优势的一方在中残局过渡时尽量避免形成这类残局。优势方应力争保留一只兵，这样兵在象或马的支持下，可以冲到底线变后，那么取胜就容易多了。

如果迫不得已，形成马象对单王的局面时，就必须采用以下基本方法：王和马象必须协同配合，先把单王从中心赶到棋盘四边，接着再把它赶到与象同色格的角格，最后利用等着做杀。

我们先从简单的局面入手。

如图1，要把黑王赶到与象颜色相同的盘角附近。

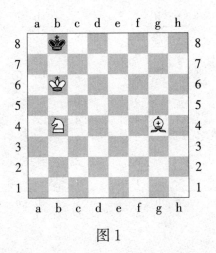

图1

白先胜，着法如下：

1. 马b4-a6+　　王b8-a8　　2. 象g4-f3#

如黑方先走，则白方需用等着，即可成杀。

1. ……………　　王b8-a8　　2. 象g4-f5!

等着，取胜的要着

2. ………… 王a8－b8

3. 马b4－a6+   王b8－a8   4. 象f5－e4＃

图2取胜方法和图1相同。白先胜，着法如下：

图2

1. 马f5－h6+   王g8－h8   2. 象b4－c3＃

如黑方先走，则：

1. …………   王g8－h8 2. 象b4－c5!   王h8－g8

3. 马f5－h6+（不能3. 马e7+，那么3. …… 王f8，黑王逃离盘角）王g8－h8

4. 象c5－d4＃

为了切实学会运用子力之间协同逼王的方法，下面我们来研究更为复杂的马象杀王全过程。

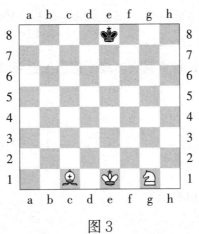

图3

如图 3，白方子力分散，远离黑王，因此白方要及时调整子力，逼近黑王。根据要把黑王逼到和象同色格的理论，应把黑王逼到a1或h8盘角做杀。白先，着法如下：

1. 王e1 – e2　　王e8 – d7　　2. 王e2 – d3　　王d7 – c6
3. 象c1 – f4　　王c6 – d5

黑王逃往中心进行顽抗。

4. 马g1 – e2　　王d5 – c5　　5. 马e2 – c3　　王c5 – b4
6. 王d3 – d4　　王b4 – a5

黑王向安全盘角逃，白方必须同力协作把它赶向死亡盘角（a1格）。

7. 王d4 – c5　　王a5 – a6　　8. 王c5 – c6　　王a6 – a7
9. 马c3 – d5　　王a7 – a8　　10. 马d5 – b6+　　王a8 – a7
11. 象f4 – c7　　王a7 – a6　　12. 象c7 – b8!

白方开始按计划行动，把黑王向a1格逼。

12. …………　　王a6 – a5　　13. 马b6 – d5　　王a5 – a4
14. 王c6 – c5　　王a4 – b3　　15. 马d5 – b4　　王b3 – c3
16. 象b8 – f4　　王c3 – b3　　17. 象f4 – e5　　王b3 – a4
18. 王c5 – c4　　王a4 – a5　　19. 象e5 – c7+　　王a5 – a4
20. 马b4 – d3　　王a4 – a3　　21. 象c7 – b6　　王a3 – a4
22. 马d3 – b2+　　王a4 – a3　　23. 王c4 – c3　　王a3 – a2
24. 王c3 – c2　　王a2 – a3　　25. 象b6 – c5+　　王a3 – a2
26. 马b2 – d3　　王a2 – a1

白方三子配合默契，各负其责，终于把黑王逼到a1格。

27. 象c5 – b4!

必要的等着。

27. …………　　王a1 – a2　　28. 马d3 – c1+　　王a2 – a1
29. 象b4 – c3 #

黑王被逼到死亡盘角被杀。

练习

问题

图4和图5均为白先，如何取胜？

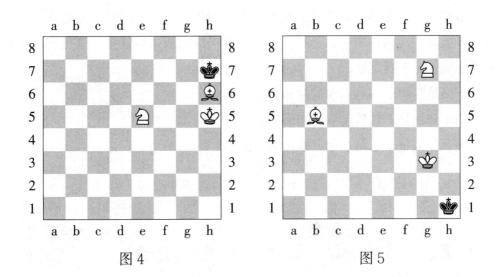

图 4　　　　　　　　　　　图 5

答案

图4　1. 马e5 – d7　　王h7 – h8　　2. 王h5 – g6　　王h8 – g8

　　　3. 马d7 – f6+　　王g8 – h8　　4. 象h6 – g7 #

图5　1. 马g7 – h5　　王h1 – g1　　2. 马h5 – f4　　王g1 – h1

　　　3. 象b5 – c4　　王h1 – g1　　4. 马f4 – h3+　　王g1 – h1

　　　5. 象c4 – d5 #

第18讲 击双

击双是国际象棋中最常见的基本战术，指用一个棋子同时攻击对方两处，使其不能兼顾。六种棋子，包括王在内，都可以完成击双任务，这是击双战术和其他战术的不同之处。

下面是各种子力击双时的片断。

图1分别是王和后击双时的情形。

图2分别是车、马、象、兵击双时的情形。

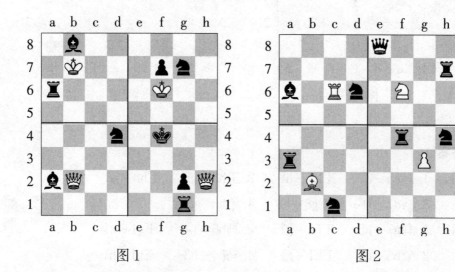

图1　　　　　　　　　图2

下面介绍击双战术的实例。

如图3，开局不久，轮白方走棋，白方看到黑a5马无根，于是：

1.后d1－h5+!

后将军，抽马，用后完成击双。

如图4，轮白方走棋，白方用车击双。

1.车d1－a1　象a3－b4　　2.车a1－a4

击双，白方必得一子。

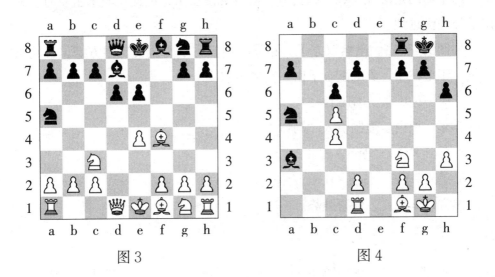

图3　　　　　　　　　　图4

如图5，双方子力相当，轮白方走棋。白方象在车的配合下，由象完成击双任务。

1.车g3×g6+!

弃车把黑王引入象的射程，次序准确。

1.………… 王f6×g6　　2.象c2×e4+　　王g6-f6

3.象e4×h1

图5

白方先弃后取,通过象的击双得子,白方胜定。

由于马的走法独特,它在击双时对方无法反击,因此用马来击双时,显示出最强的优越性。

如图6,黑先。虽然双方子力相等,但黑方子力位置比白方好,又轮黑方走棋,于是在车、象的配合下由马完成击双。

1. ……… 车f8-f1+!

弃车,把白后强制引入"马口"。

2. 后d1×f1 马h5-g3+!

3. 王h1-h2 马g3×f1+

黑方以车换后,取得胜势。

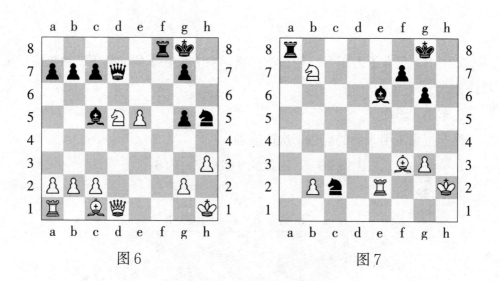

图6　　　　　　　图7

如图7,是用马象联合击双的例子,现轮黑方走棋。

1. ……… 马c2-d4!

2. 车e2-f2 马d4×f3

3. 车f2×f3 象e6-d5!

白马被擒,黑方胜定。

练习

问题

请找出以下各图的最佳下法。

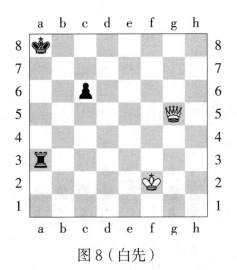

图 8（白先）

图 9（白先）

图 10（白先）

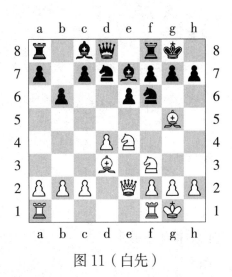

图 11（白先）

图 12（白先）

图 13（黑先）

图 14（黑先）

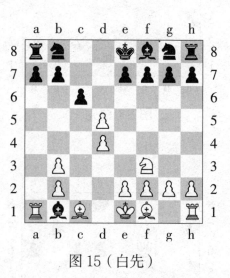

图 15（白先）

答案

图 8

1. 后g5 – d8+!　　王a8 – b7　　2. 后d8 – e7+

白后抽车，胜定。

图 9

1. 车b1 – d1+　　王d6 – c7　　2. 车d1×d8　　王c7×d8

第18讲 击双

3. 象e3×b6+

白象抽车,净多一象一兵,白方胜定。

图10

1. 后b3-b5!! 　后c6×b5 　2. c7-c8(后)+ 　王e8-f7

3. 后c8×e6+! 　王f7×e6 　4. 马d5-c7+

白马吃后,白方胜定。

图11

1. 马e4×f6+! 　马d7×f6 　2. 象g5×f6! 　象e7×f6

3. 后e2-e4!

击双,威胁后×h7或后×a8得车,白方胜势。

图12

1. 后d1-a4! 　b7-b6 　2. 后a4-e4!

威胁后×h7或后×e7得象,白方胜势。

图13

1. ………… 　车e4×e1+! 　2. 车d1×e1 　车e5-e2!!

几个子咬得犬牙交错,白方三个弱点同时暴露:后、车和f2兵,白方局面顿时崩溃。这步棋其实可以说是"击三"了。

黑方胜定。

图14

1. ………… 　车a2×d2! 　2. 王e1×d2 　马f6×e4+

3. 王d2-d3 　b3-b2! 　4. 车c3-b3 　马e4-c5+

5. 王d3-c2 　马c5×b3

黑方净多一马两兵胜定。

图15

1. d5×c6! 　象b1-e4 　2. 车a1×a7!! 　车a8×a7

3. c6-c7!

白方计算准确,弃车引离,之后白方c7兵或c8升后或吃马变后,两者必得其一,白方胜定。

第19讲　闪击

闪击是指突然闪开某个棋子，露出它原来遮挡的火力去攻击对方目标，同时闪开的这个棋子也去攻击对方的目标。

如果这两个棋子攻击的目标不同，那么这样的闪击和击双就非常相像，都是同时攻击对方两处；如果这两个棋子同时去攻击同一个目标，则往往会使对方难以防守（尤其表现在对于王的攻击，即双将），因此攻击效果更为明显。

如图1，白方利用了潜在的斜线火力闪击对方。1.马f3-d4，白方得分。

如图2，白方利用了潜在的直线火力闪击对方。1.象e3-c5，白方得分。

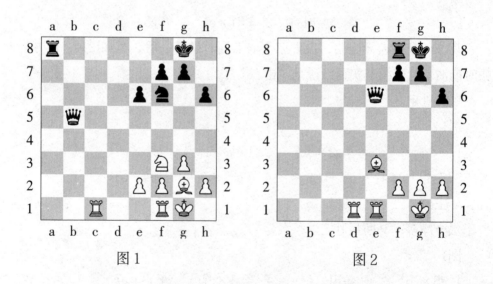

图1　　　　　　　　图2

如果闪击的目标是对方的王，称为"闪将"。这时必须应将，于是另一个被打击的目标就失守了。

如图3，轮白方走，白方利用闪将抽后。1.象g6-e8+ h6×g5　2.象e8×c6，形成象兵对兵的必胜局面。

如图4，轮白方走，这个例子有点不同。车e6+可以闪将成功吃死黑后，但交换下来是单象兵对单象兵的和棋局面。于是经过分析，发现如把潜在的直线和斜线火力都聚集在黑王上会形成杀王。

1. 车f6－h6+!　　王h8－g8　　2. 车h6－h8 #

由车象配合完成干净利索的杀王。

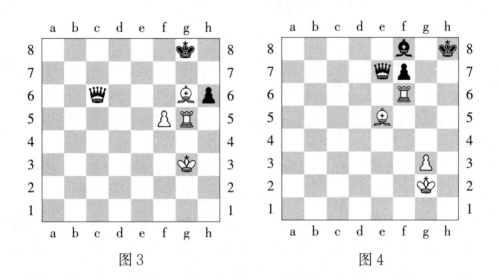

图3　　　　　　　　　　　　　图4

由上面的几个例子，我们体会到闪击（尤其是闪将）的强制性了。图4例子中的双将就更厉害了，因为被双将时，解将的三种方法中的两种已经失效了。由于不可能同时消灭两个攻击棋子，也不可能同时堵住两条火力线，这时虽然白方车和象都悬在对方口中，但在这一瞬间却都是安然无恙的。

如图5，白方少一象一兵，轮白方走，黑方面临闪将是不容置疑的。若马e5闪将抽象，则马g6，得到的结果是白方仍少一兵，只能求和。于是白方走出：

1. 马g6－e7+!!　　王g8－h8　　2. 车g3－g8 #

白方马e7双将是十分关键的，不仅为车创造了支点，更为重要的是让黑王只能以王h8的方式应将。

这种由车马配合完成的杀王十分典型，称为阿拉伯杀法。

图 5

如图 6，双方子力对比太悬殊了，轮白方走，只有背水一战，一定要杀死黑王。因此，靠闪将去赚点子力上的蝇头小利，根本不必考虑。看一下黑王的处境，刚好被卡在很狭小的区域内，正是充分发挥白方仅有的两个子力作为的好机会。现在白方有两个双将的选择，即马×g6和马f7。稍微推算一下就可以发现，前一种方法是没有前景的，尽管再下一步将军时（在e7点）可以抽吃黑后，但黑王将要从f7逃之夭夭。于是白方走：

图 6

第 19 讲　闪击

1. 马e5 - f7+!!　　王h8 - g8　　2. 马f7 - h6 #

白方以马象配合双将起步，以马象成杀结束，着法令人惊叹！

如图 7，黑王被困，王城空虚，而白方在h线聚集了后、象、车，但白王也不太稳，很容易被骚扰。

图 7

轮白走棋，要杀死如此局促的黑王并不需要太多的子力。于是为了抢时间，白方果断弃后把黑王引到被闪击双将的绝境，然后一气呵成形成车象配合的典型杀式。着法如下：

1. 后h6 - h8+!!　　王g8×h8

2. 象h4 - f6+!　　王h8 - g8　　3. 车h1 - h8 #

当对方王的出路不畅时，我们总会有想法。如图 8，g8格被白方白格象封锁，h4马离主战场很近，那么我们希望把后能迅速调遣过去。于是探索目标——h6格，并且如果h7格被清空就更好了。h4马如何利用？如果后已经到了h6格，那么马就可以直接砍g6兵将杀了，但白后至少要两步棋才能赶到。因此我们得先行动了，否则一旦a2 - g8斜线被封锁，或者出了其他变故，原来的计划就泡汤了。于是h4马的任务就不是用来最终将杀了，而是用它打开 h 线，然后调后到h6。但要先清开己方处于e3格挡路的黑格象。以上就是下棋时的思路。

图8

轮白方走棋，着法如下：

1. 马h4×g6+!　　h7×g6　　2. 象e3–a7!

声东击西，用象来完成闪击捉后，给后腾开线路，下着威胁后h6#，白胜。

如图9，黑方王翼阵形狭窄，防守不严，而白方在王翼空间占优，火力密集。白先，此局面如何将优势转为胜利呢？有一种典型的进攻，即1.车×h7 王×h7 2.后h3+，但黑方可以接走2.…马h6。顺着这种冲动思考下去：后在h3时和无根的黑后遥遥相望，那么如果f5兵移开时刚好将军，就可以闪击到黑后了。于是考虑如何让f5兵将军：要么把黑王引到g7，然后冲兵f6；要么把黑王引到h7，并且g6格有黑子供f5兵食用。扫描一下局面，前者太难实现，而后者虽然条件苛刻，但却更有可能。可弃车强行把黑王引到h7，弃马强行把某个黑子引到g6，两个都要实现，自然要先弃马，因为如果先弃车则黑王到了h7，再弃马就不带将了。于是思路归纳出来了。白先着法如下：

1. 马f4–g6+!　　f7×g6　　2. 车h3×h7+!　　王h8×h7

3. 后f3–h3+!　　马g8–h6　　4. f5×g6+!　　王h7×g6

5. 后h3×d7

第19讲 闪击

图9

白方各子力协同攻王，次序紧凑，着着带将，最后由小兵闪将，抽得黑后获得胜利。

最后我们来看一下象在闪击战术中的表演。如图10，此时轮黑方走棋，黑方如走象×e7把白后吃掉，则白方仍多兵占优。通过深入计算，发现可以运用闪将战术来获取胜势。请看实战：

图10

1. ……………   象a3×b2+!   2. 王c1-b1

白王被卡住了，黑方的黑格象在车的支持下开始扫荡了。

2. ……………   象b2×c3+   3. 王b1-c1   象c3-b2+!

4. 王c1-b1   象b2-a3+

先掠得一马一兵，再来收拾后，当然白方也不会坐以待毙，也会尽力抵抗的。

5. 象d2-b4   车b8×b4+!   6. 后e7×b4   象a3×b4

黑方通过闪将战术满载而归，已然取得胜势。

练习

问题

以下各图如何运用闪击战术？

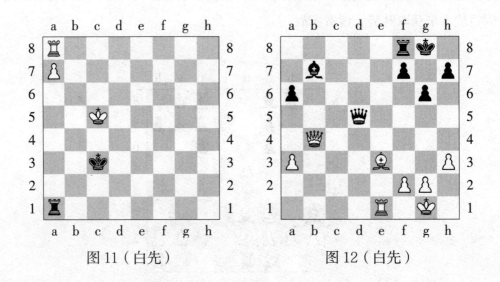

图11（白先）　　　　　　图12（白先）

第 19 讲 闪击

图 13（白先）

图 14（白先）

图 15（白先）

图 16（黑先）

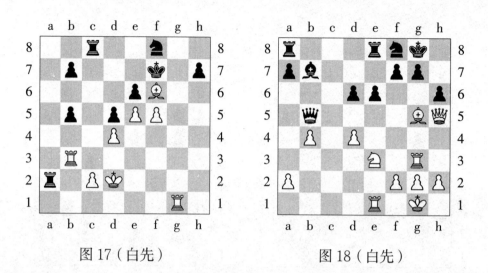

图 17（白先）　　　　　　　图 18（白先）

答案

图11

1. 车a8－c8　　车a1×a7　　2. 王c5－b6+

闪将，白方抽车胜。

图12

1. 后b4×f8+!　王g8×f8　　2. 象e3－h6+　王f8－g8

3. 车e1－e8#

图13

1. 后g4×g7+!　王g8×g7　　2. 象c3×e5+　王g7－g6

3. 车c1×c4

白方净多一马两兵胜。

图14

1. 马d5－e7+!　王g8－h8　　2. 马e7－g6+　h7×g6

3. h2×g3#

白方通过连续闪将，取得效果。

第19讲 闪击

图15

1. 马h4 – g6!　　车b1×b6　　2. 马g6 – f8+　　王h7 – g8
3. 马f8×d7+　　王g8 – f7　　4. 马d7×b6　　　+-

白方净多一车一兵，白胜。

图16

1. ……………　　车d3×h3!　　2. 象b2 – d4

如2. g×h3，则2.…后h1#；如2. 后×c6，则2.…象h2+，3. 王h1 马×f2#。

2. ……………　　象f4 – h2+　　3. 王g1 – h1　　象h2×e5+
4. 王h1 – g1　　象e5 – h2+　　5. 王g1 – h1　　象h2 – c7+
6. 王h1 – g1　　象c7×b6　　　 -+

图17

1. 车g1 – g7+　　王f7 – e8　　2. 车g7 – e7+　　王e8 – d8
3. 车e7×b7+　　王d8 – e8　　4. 车b7 – e7+　　王e8 – d8
5. 车e7 – a7+　　王d8 – e8　　6. 车a7×a2　　　+-

白方得车胜定。

图18

1. 象g5 – f6!!　　后b5×h5　　2. 车g3×g7+!　　王g8 – h8
3. 车g7×f7+　　王h8 – g8　　4. 车f7 – g7+!　　王g8 – h8
5. 车g7×b7+　　王h8 – g8　　6. 车b7 – g7+　　王g8 – h8
7. 车g7 – g5+!　　王h8 – h7　　8. 车g5×h5　　王h7 – g6
9. 车h5 – h3　　王g6×f6　　10. 车h3×h6+　　+-

白方通过车象配合的闪将（也称钟摆式打击），净多三兵，白方胜势。

79

第20讲　牵制

一方用远射程棋子攻击对方起掩护作用的棋子，使它不能行动或难以行动，称为牵制。

牵制战术在对局中广泛运用，形式多种多样。从外观上牵制可分"直线牵制""横线牵制""斜线牵制"。从内容上区分，牵制又分为"全牵制""半牵制"。

在对局中，通过攻击一个被牵制的棋子，实施牵制战术，往往可以获得子力优势，甚至完成杀王。

如果被牵制棋子后面是王，这时它就完全不能行动，称全牵制。

如图1，左侧是黑马被白方车在直线上形成了直线牵制，右侧是黑车被白象在斜线上形成了斜线牵制。这时的黑马和黑车完全不能行动，这就是全牵制。

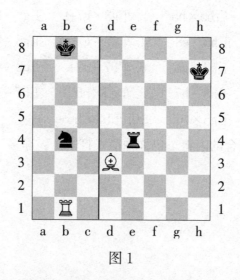

图1

如果被牵制棋子后面掩护的不是王时，称为半牵制。被半牵制时不十分严厉，甚至有时可以反客为主，摆脱牵制，而从中获利。

如图 2，左侧是黑马被白象在斜线上半牵制，若轮黑方走棋，走马d5闪将可摆脱牵制，下着黑后吃白象，黑方还能得子；右侧是黑象被白车在直线上半牵制，看似像要丢子，但轮黑方走时可象e6兑车，则黑方解套。

下面过渡到实战，举例说明牵制战术在对局中的运用。

要运用牵制的手段，首先要注意对方是否有成串的子力，然后再具体检验打击方案。

如图 3，轮白方走，e 线上明显有利用价值，但还应预测到以后的变化。对于这个例局来说是很简单的，因为如果黑方用王保象，则必须走到另一个被牵制的位置。请看实战着法：

1. 车b1－e1!　　王e7－d6　　2. 车e1×e5!　　车h5×e5
3. d3－d4　　　　+-

把黑方由直制牵制转换为斜线牵制。白方得子，胜定。

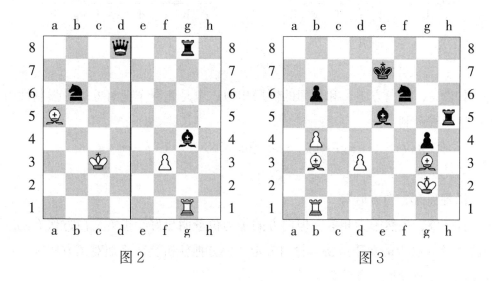

图 2　　　　　　　　　　　　图 3

如图 4，轮黑方走，黑象在h1－a8斜线上有牵制的潜能，配合着已经冲到3线的兵，于是黑方运用牵制战术，轻易获得胜势。

1. ………　　车g8×g2　　2. 车d2×g2　　f3－f2!

白车被牵制，黑兵升后不可阻挡，黑方胜势。

如图5，白方的优势在于即将升变的g7兵。但如果现在冲下去会被闪将，如1. g8（后）马e4+，所以要先设法把黑马牵制住。轮白方走棋，白方走1. 车a4-f4+，弃车将黑王引入f4格，形成牵制。在1.… 王×f4之后，白兵就可以安心升后了。即使黑王不吃车，也只能走到g线，白兵照样可以升后。

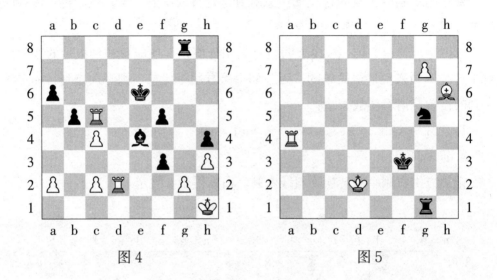

图4　　　　　　　　　　图5

如图6，轮白方走，和上面的例局相似，也是先弃车把对方的王强制性引入f7格形成牵制。

1. 车f1×f7+!　　王g7×f7　　2. 象c2-b3!　　王f7-e6

3. e3-e4　　　　　+-

活捉黑车，白方胜势。

如图7，虽然子力相等，但白方的子力位置明显好于黑方，白方伏有a3-f8斜线及e线上的双重威胁。轮白方走，白方抓住机会准确地对黑方实施了双重牵制，一举获胜。着法如下：

1. 后a7-a3+!　　后e6-e7

如1.…王g8，则2. 象×h7+闪将抽后。

2. 象e4-c6!　　+-

黑方束手被擒，白胜。

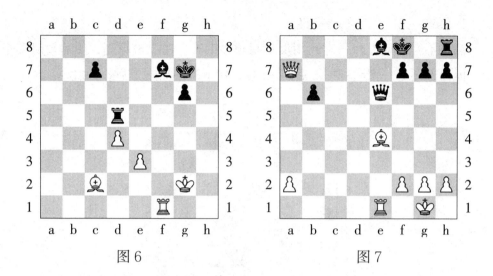

图 6　　　　　　　　　　　图 7

如图 8，和上例相似黑方也没易位，底线有问题。看似黑后守着 d8 格，但白方可以用牵制使其失效。白先杀法如下：

1. 后 e2×e7+！　　后 c7×e7　　2. 车 d1－d8+！　　象 c6－e8

3. 车 d8×e8 #

形成典型的车象配合杀王。

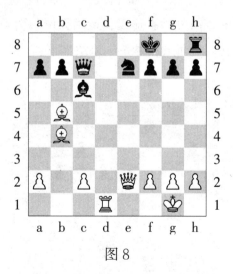

图 8

如图 9，粗看，双方局面相当，细心观察，发现黑方的后和王处于一条斜线上，而白方是象和王处于一条斜线上，这点不同很关键，又轮白方走，因此，结果就不难预判了。

1. 象e3－c5!　　　象a5－b6!

黑方不会自动投降，它利用反牵制顽强抵抗。白象被牵制，黑后暂时安全了，但白方还有一张底牌即2.后c4－f4+，接下来用后吃黑后，白胜。

图9

如图10，轮白方走，好像白方面临丢子，形势危急。但通过冷静分析局面，发现黑方王城空虚，白方妙手连发，运用腾位和引入战术，赢得宝贵的时间，给黑方制造了牵制，从而形成妙杀。杀法如下：

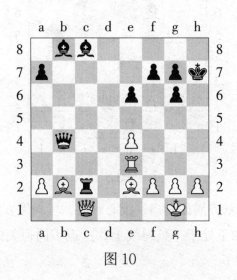

图10

1. 车e3–h3+!　　王h7–g8　　2. 车h3–h8+!　　王g8×h8
3. 后c1–h6+　　王h8–g8　　4. 后h6×g7 #

白方通过果断弃车,成功地运用牵制战术,形成后象配合杀王。

练习

问题

以下各图如何运用牵制战术?

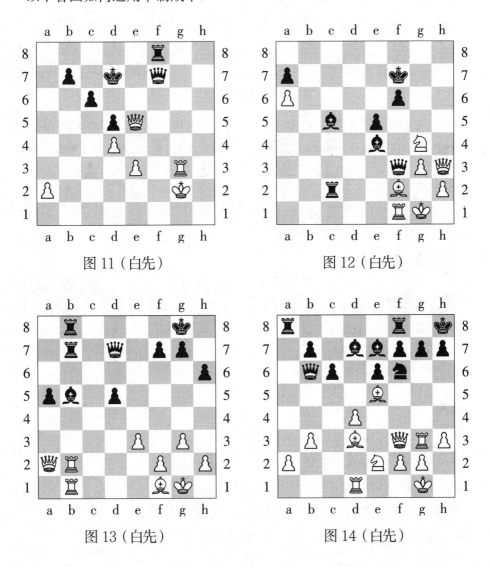

图 11(白先)　　　　　图 12(白先)

图 13(白先)　　　　　图 14(白先)

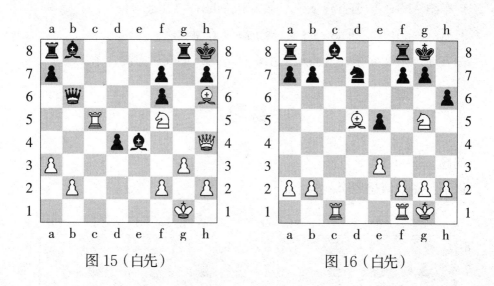

图 15（白先）　　　　　图 16（白先）

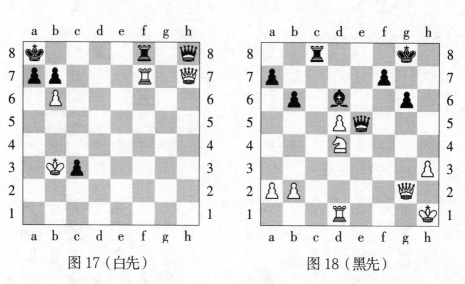

图 17（白先）　　　　　图 18（黑先）

答案

图11

1. 车g3－g7!　　车f8－g8!　　2. 后e5－f5+!

白方得后，白胜。

图12

1. 马g4×e5+!　　f6×e5　　2. 象f2×c5!　　车c2－c1

第20讲 牵制

3.后h3-h5+!

白方运用牵制战术得子,白胜势。

图13

1.车b2×b5!　　车b7×b5　2.后a2-a4!　　车b5×b1

3.后a4×d7

完成牵制后,白方得子胜势。

图14

1.车g3×g7!　　王h8×g7　2.后f3-g4+　　王g7-h8

3.后g4-h5

下着后×h7,黑方无解。

图15

1.象h6-g7+!　　车g8×g7　2.车c5-c8+!　　车g7-g8

3.后h4-g4!

黑方无解。

图16

1.马g5×f7!　　车f8×f7　2.车c1-c7!　　王g8-f8

3.象d5×f7　　王f8×f7　4.车f1-c1　　王f7-e6

5.车c7×c8　　车a8×c8　6.车c1×c8

形成白方车六兵对黑方马五兵局面,白方胜势。

图17

1.后h7-h1!（威胁后×b7）　车f8-b8

2.后h1-a1!　　a7-a6　　3.后a1×a6+!　　b7×a6

4.车f7-a7＃

利用黑方底线弱点,白后巧妙调动,形成牵制,最后弃后绝杀。

图18

1.…………　　后e5×d4!　2.车d1×d4　　车c8-c1+

3.后g2-g1　　车c1×g1+　4.王h1×g1　　象d6-c5!

黑方先弃后取,利用牵制战术,牵死白车,净多一象,黑方胜势。

第21讲 消除防御

消除防御也是对局中经常使用的战术，指一方通过主动兑换或弃子，把对方起保护某一棋子或重要格子的棋子强行摧毁。

图1白先，是直接运用消除防御得子而胜的例子。

黑车受马保护而生存于白王嘴里，那么白方可以釜底抽薪：1.车d7×g7+王g8×g7 2.王d5×e6之后，白方净赚一马，以下e5兵在王的保护下升后。

图2白先，是直接运用消除防御杀王的例子。

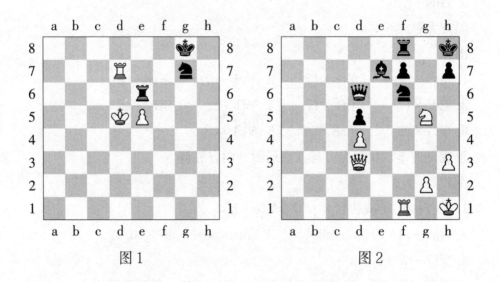

图1　　　　　　图2

白方少一象，虽威胁后×h7#，但黑马防守着h7格。于是白方及时弃车砍马，即1.车f1×f6，消除h7格的防御。黑方认输，因下着后×h7#，黑方无解。

图3，白先。

f7格很诱人，如果白马能跳入此格，即可将军抽后。现在黑马防守着f7

第 21 讲 消除防御

格，于是自然要干掉它，问题就迎刃而解了。

1. 车e6×h6+!　　g7×h6　　2. 马e5－f7+

形成白方马象兵对黑方单兵的局面。虽然我们已经学习了马象杀王，但较复杂，这时可以先把黑兵吃掉，再保护自己的兵升后，就很容易赢了。

图4，白先。

这个局面比较典型，很容易看到黑王致命的h7格。白方后在象的配合下直指h7格，于是消除黑方唯一保护h7格的马就成了焦点。

1. 马c3－d5!

一箭双雕，同时被白马攻击的还有倒霉的黑后，黑方一下子就乱了套：要防被杀，就要丢后，只好认输。

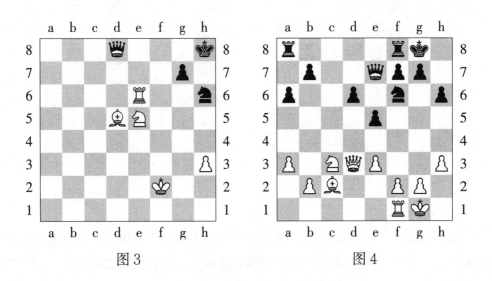

图 3　　　　　　　　　图 4

运用消除防御的要领在于发现对方可能出问题的棋子，以及大胆地设想釜底抽薪的办法。如图5中的白马就是思考的着眼点。

图5，黑先。

由于黑方g3兵卡着白的咽喉，所以白方底线有问题，于是保卫底线的白马就是打击的目标。攻杀着法如下：

1. … 后f7×f3!

通过局面分析黑方找到了突破口，果断弃后。如果白方接受弃后走2.g2×f3，则2.… 车e1+ 3.王g2 车g1#，成精巧的车象兵配合杀王。

2.后d3×d4　　　后f3-f1+　　3.后d4-g1　　后f1×g1+

4.王h1×g1　　　车e8-e1 #

黑方成功地运用消除防御，由车兵配合完成底线杀王。

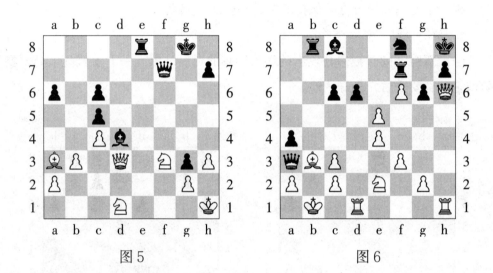

图5　　　　　　　　　　　图6

图6，白先。

双方各攻一翼，战斗激烈，本例是白f6兵卡住黑王咽喉了，而且还有b3象封锁着a2-g8大斜线（虽然象被牵制而无法移动，但仍具有威胁力）。我们发现：黑王活动范围已经几乎仅限于h线了，于是用车在h线杀王的前景浮现在眼前。下面要做的就是消除保护h7兵的车和马，打开h线。杀法如下：

1.后h6×f8+!

果断弃后，一石三鸟！既摧毁了车马两个子防守的h7格，又使b3象发挥了作用。

1.…………　　　车f7×f8　　2.车h1×h7+!　　王h8×h7

3.车d1-h1 #

第 21 讲 消除防御

图 7，黑先。

仍是双方各攻一翼的局面，很容易发现白王的处境不妙：黑e7象和c4兵共同封锁了白王上面的出口；g8车占据着开放线，随时可以投入战斗；黑马如果能跳到c3去，则白王刚好被限制到最后一个点——a1格，于是只要消除c3格的保护就可以了。

1. ………… 车b5×b2+! 2. 车d2×b2 马a4×c3+
3. 王a2–a1 车g8–g1+ 4. 车b2–b1 车g1×b1 #

又看到了车马配合的阿拉伯杀法。

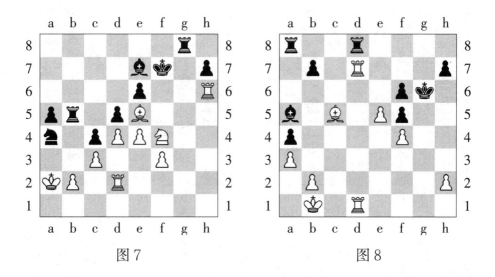

图 7 　　　　　　　图 8

图 8，白先。

这个例局看似很难完成杀王，但实际杀法很奇妙，不过主旋律是双车杀王。杀法如下：

1. 车d1–g1+! 王g6–h6 2. 象c5–f8+! 车d8×f8
3. 车d7–d3!

如此轻灵飘逸的调动，下着车h3，黑方无解。

回过头来想一下，那步象f8很关键，它调开了黑d8车对于d线的防御，使得白方d7车能漂亮地转身到位，形成双车杀王。

图9，黑先。

只要黑后能进入g1－a7大斜线，白王可就惨了。于是1.… e7－e5，白后被迫撤离此斜线，接下来的着法是：

2. 后d4－d3　　后a5－a7+!　3. 王g1－h1　　马g4－f2+

4. 王h1－g1　　马f2－h3+!　5. 王g1－h1　　后a7－g1+!!

6. 车e1×g1　　马h3－f2 #

结局令白方目瞪口呆，黑方后马配合，一气呵成，形成闷杀。

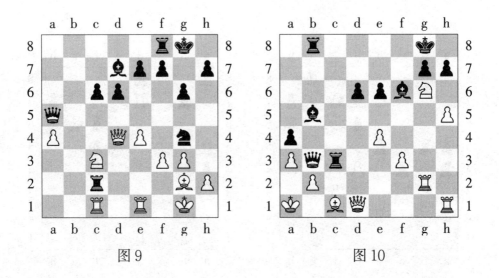

图9　　　　　　　　　　　图10

图10，黑先。

每当我们的后有机会和对方的王十分接近时，总是会充满机会，况且黑方双车、双象也占据着要路，直指王城，因此取胜是势在必得。通过整理思路和准确计算，黑方找到了最快捷的取胜之路。着法如下：

1.… 车c3×c1+!!

亮出了a1－h8大斜线，同时引开了白后，消除了白后对d3格的防御。

2. 后d1×c1　　后b3×a3+　3. 王a1－b1　　象b5－d3+!

4. 车g2－c2　　车b8×b2+　5. 后c1×b2　　后a3×b2 #

此局黑方把闪击、牵制、消除防御等战术组合起来攻王，形成战术组合。就像一组凌厉的组合拳，一举将白王击垮。

练习

问题

以下各图如何运用消除防御战术?

图 11（白先）

图 12（白先）

图 13（白先）

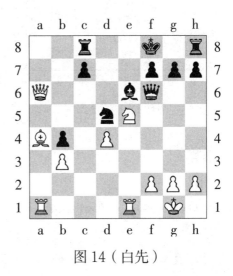

图 14（白先）

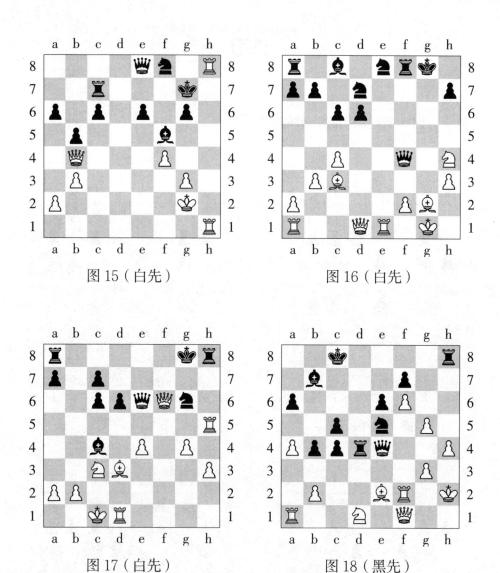

图 15（白先）

图 16（白先）

图 17（白先）

图 18（黑先）

答案

图11

1. 后d1×d4+！　车g4×d4　2. b5-b6#

图12

1. 车e1×e5！　车e7×e5　2. 后f3-f6

下着后g7，白胜。

图13

1. 车d1×d5!　　c6×d5　　2. 车c2×c3　　车h3×c3

3. g6-g7+-

白方主动用双车兑换马象，消除g6兵升后的障碍，现黑方已无法阻止g7兵升后，白胜。

图14

1. 马e5-d7+!　　象e6×d7　　2. 后a6×c8+!　　象d7×c8

3. 车e1-e8#

图15

1. 后b4×f8+!　　后e8×f8　　2. 车h1-h7+　　王g7-f6

3. 车h8×f8#

图16

1. 象g2-d5+!　　c6×d5　　2. 后d1-d5+　　后f4-f7

3. 后d5-g5+　　马e8-g7　　4. 马h4-f5!

下着马h6将军抽后及马×g7，如4.…后g6 则5.马e7将军抽后，白胜。

图17

1. 象d3×c4!　　后e6×c4　　2. 后f6×g6+　　王g8-f8

3. 车h5×h8+　　王f8-e7　　4. 车h8-h7+　　王e7-f8

5. 后g6-g7+　　王f8-e8　　6. 后g7-e7#

白方釜底抽薪，把保护黑王的车马干掉，由后车配合完成将杀。

图18

1. …………　　车d4×d1　　2. 车a1×d1　　车h8×h4+!

3. g3×h4　　后e4×h4+　　4. 后f1-h3　　后h4×f2+

5. 后h3-g2　　后f2×g2#

黑方弃双车消除白方的防守兵力，由后象配合完成将杀。

第22讲　引离

引离战术是指按一定意图，用弃子或交换手段，把对方某个棋子引离重要防御位置，使其失去对重要格位或其他棋子的保护能力，再对其进行打击。

图1，白先。

白方运用引离战术得子。

1.车e1－e8+!　　车c8×e8　　2.后a5×c7

通过引离黑车，白方以车换后得子。如1.…王h7，则2.后h5。

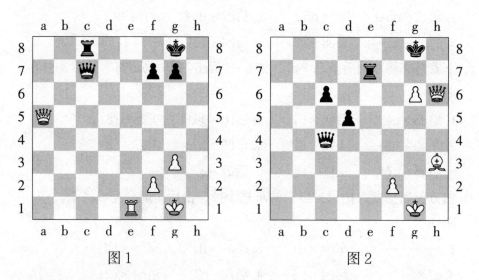

图1　　　　　　　　图2

图2，白先。

白方运用引离战术将杀。

1.象h3－e6+!　　车e7×e6　　2.后h6－h7+　　王g8－f8

3.后h7－f7 #

引离成功，形成后兵配合杀王。

运用弃兵引离，在实战中很常见，请看下面两个例局。

图 3，白先。

1. e4 – e5+!　　　d6 × e5　　　2. 王d5 × c5

白方及时弃兵引离，黑方丢象，只好认输。

图 4，白先。

通过分析，白方发现黑王的位置不好，有被牵制和被击双的利用，于是连续用弃兵引离的手段，形成将军抽车。着法如下。

1. f4 – f5!　　　g6 × f5　　　2. g4 × f5+!　　　王e6 – f7

3. f5 – f6!　　　王f7 × f6　　　4. 马d2 – e4+

引离成功，白方抽车胜。

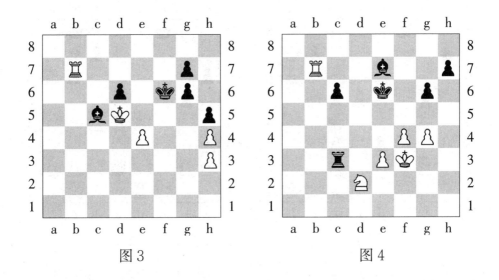

图 3　　　　　　　　　　图 4

图 5，黑先。

双方呈对攻局势，速度决定胜负。于是黑方以先行之利抢先弃后，将白方防守底线的象强行引离，形成三步连杀。

1. …………　　　后g5 – g2+!!　2. 象f1 × g2　　　车d3 – d1+

3. 象g2 – f1　　　车d1 × f1 #

为什么说速度决定胜负呢？因为如果黑方误走1. …车d1准备下着杀，就来不及了。因以下变化是：2. 车h8 王g6　3. 后e8 王f6　4. 车f8，白胜。一着之差，胜负易手。因此说，在对攻的局面中速度往往会决定胜负。

图6，黑先。

黑方利用白方无根的马和底线潜在弱点，后、车、象协同作战，运用引离战术，完成底线杀王。

1. ………… 后c8-c4! 2. 后e2×c4

被迫之着，否则丢马。

2. … 车d4×d1+! 重要的过门。

3. 后c4-f1 象g7-d4+! 漂亮的引离，白后被脱根。

4. 王h1 车×f1# 闷杀，黑胜。

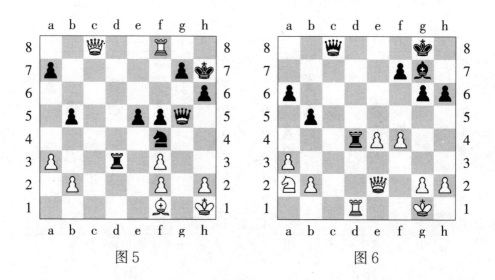

图5　　　　　　　　图6

图7，白先。

白方车马配合威胁车×h6#，于是引离保护h6点的黑后是容易想到的。

1. 后e5-d4! 后d2-c1

别无选择，如1. …后g5则2.f4捉死后。

2. 后d4-c5!!

灵活的转身，致命的一击，伏有后×f8#，黑方无法兼顾两点杀着，只好认输。

图8，白先。

黑王位于通畅的h1-a8大斜线上，且被白兵锁喉处境不妙，白方利用其致命弱点猛攻：弃象、弃后强行引离黑方车、后，使其顾此失彼而底线失守。

1. 象g4－f3+!　　车e3×f3　　2. 后b4－e4+!　　后e8×e4

3. 车c1－c8 #

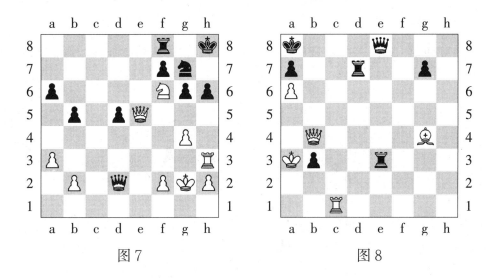

图7　　　　　　　　　　　　图8

图9，黑先。

白方虽多一大子，但少兵且王暴露，黑方双车和后均在通路线上，只要把防守f2格的e3象引离就可成功。着法如下：

图9

1.… 车f6-g6+!

必要的次序。

2.王g2-h2   后d7-d2+! 3.象e3×d2   车f8-f2+

白方认输。如4.后g2，则4.…车×g2#。

图10，黑先。

黑方利用c3通路兵大做文章，两次引离白后，着法巧妙细腻。请看实战：

图10

1.… c3-c2!

引离白后，使其被迫失去对g1-a7大斜线的防守。

2.后d4-c4

如2.后c5则2.…后a1+ 3.王f2 c1（后），黑多后胜。

2.… 后f6-b6+! 3.王g1-f1

被迫之着（如3.王h1，则3.…后b1杀），给了黑方再次引离的机会。

3.… c2-c1（后）+!

着法细腻有力（如冲动地走3.…后b1+ 4.王f2 c1（后）则5.后×f7，白方反败为胜），迫使白后放弃对f1-a6大斜线的防守。

4.后c4×c1   后b6-b5+!

黑方运用引离成功，抽车多子胜定。

练习

问题

以下各图如何运用引离战术?

图 11（白先）

图 12（白先）

图 13（白先）

图 14（白先）

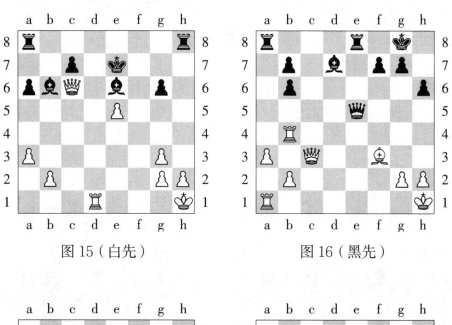

图 15（白先） 图 16（黑先）

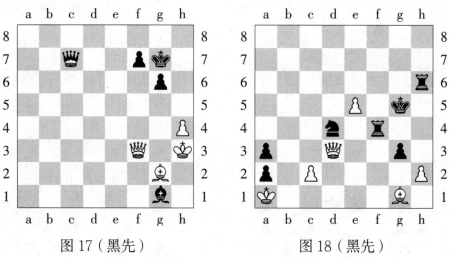

图 17（黑先） 图 18（黑先）

答案

图11

1. 车d7×h7+！　后f5×h7　2. 王g1-g2！

下着车h1，黑方无解，白胜。

图12

1. 后g4×e6+　车g6×e6　2. 车d7-g7+　王g8-h8
3. 车f1×f8#

图13

1. 后d4 – a4+　　后a5×a4　　2. 马d5 – c7+　　王e8 – f8
3. 车d1×d8+　　后a4 – e8　　4. 车d8×e8#

图14

1. 象b5 – e8+!　　马f6×e8　　2. 王f4 – g5

黑方认输，因下着白车f8杀。

图15

1. 车d1 – d7+!　　象e6×d7　　2. 后c6 – f6+　　王e7 – e8
3. 后f6×h8+　　王e8 – e7　　4. 后h8×a8

形成白方后六兵对黑方双象三兵，白方胜定。

图16

1. … 车a8×a3!

精彩！以下白若用兵吃车则丢后，若用车或后吃车则黑底线杀。无奈，白认输。

图17

1. …………　　后c7 – h2+!　　2. 王h3 – g4　　f7 – f5+!
3. 王g4 – g5　　后h2×g2+!　　4. 后f3×g2　　象g1 – e3#

图18

1. …………　　马d4×c2+!　　2. 后d3×c2

如2. 王×a2，则2. … 马b4抽后。

2. …………　　车f4 – f1+　　3. 王a1×a2　　车h6×h2!
4. 象g1×h2　　车f1 – f2!

白方认输。

第 23 讲 引入

引入战术是采用弃子或兑子等手段，把对方棋子强行引入不利位置，从而达到某种预期目的。

引入的目的是多样的，如将杀、得子、争得先手等。也经常和其它战术配合，为其它战术手段创造条件，形成颇具威力的战术组合。

图1和图2是运用引入战术得子的简单例子。

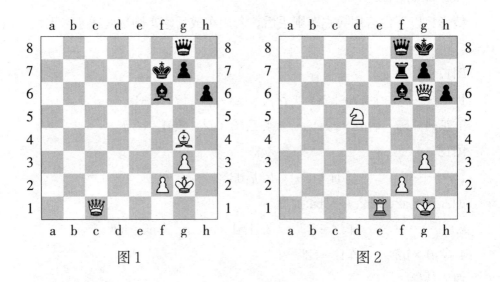

图 1   图 2

图1，白先。

1. 象g4－e6+!　　王f7×e6　　2. 后c1－c4+

白方弃象引入黑王，用后将军抽后，白胜。

图2，白先。

1. 车e1－e8!　　后f8×e8　　2. 马d5×f6+　　车f7×f6

3. 后g6×e8+

第 23 讲　引入

引入与牵制战术相结合，白方用车引入黑后，着着追杀，使黑就范，白方得子胜。

下面两例是运用引入战术将杀的简单例子。

图 3，黑先。

1.………… 　　车d8－d1+!　　2.后c2×d1　　后g1－f2#

如2.王×d1，则2.…后×f1#；如2.王e2，则2.…后f2+　3.王×d1　后×f1#。黑方引入成功，形成后兵配合杀王。

图 4，黑先。

双方对攻。黑方面临后×g7被杀。黑方运用引入战术争得时间，捷足先登，形成车象配合杀王。

1.… 后c6－h1+!

弃后引入白王，关键之着。

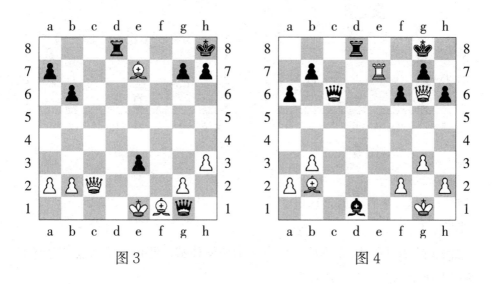

图 3　　　　　　　　　图 4

2.王g1×h1　　象d1－f3+　　3.王h1－g1　　车d8－d1#　黑胜。

图 5，白先。

白方运用弃车引入，形成牵制，使黑马失去了对后的保护作用，从而得后而胜。

1.车g2－g8+!　　王f8×g8　　2.后e4×b4

白方得子胜。

图6，白先。

黑方虽多一象，但子力不协调，白方双车占据要道，于是抓紧时间走：

1. 车d1－d8！

威胁车b7＃，引入黑车入兵口。

1. … 车h8×d8

被迫吃车解杀。但又将遭新的打击。

2. c6－c7+！

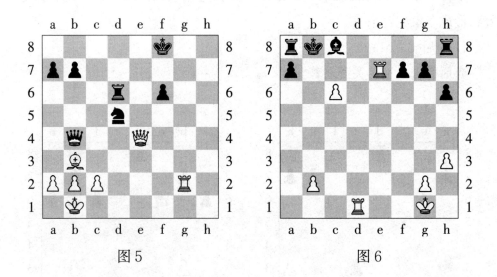

图5　　　　　　　　　　图6

冲兵击双，下着升后，白胜。

图7，白先。

黑王位于中路，防守不严，白方子力协同作战，果断弃后引黑王于绝境，干净利索地完成杀王。杀法如下：

1. 后f6－d8+！　王e8×d8　　2. 马d4－c6+！　王d8－e8

3. 车d1－d8＃

图8，黑先。

黑方子力密集中心地带，位置蛮好，于是运用引入，与击双和牵制等相结合，使优势兑现。

第23讲 引入

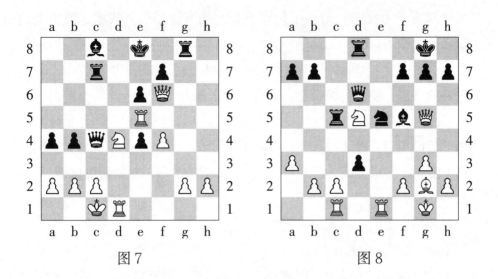

图7　　　　　　　　　图8

1. … 车c5×d5!

弃车引入象，次序准确。

2. 象g2×d5　　d3－d2!

及时冲兵捉双车威胁升后，意在强行把白后引入不利位置。

3. 后g5×d2　　马e5－f3+

由于白象被牵制f3格失守，黑方将军抽后，白方认输。

图9，黑先。

图9

虽然双方子力相等,但白王位置不好,黑方运用引入战术,两头围追白王,最后成功杀王。

1.………… 后a1-b2+! 2.王b3×a4 后b2-a2!

重要的一着,使白马被牵制,失去了反击能力。

3.后e1-c1

如3.后b1也不行,因3.…b5+ 4.王a5 象d8+ 5.王a6 后×a3#。但3.后b1后黑不能走3.…后×d2,因4.后c2 b5+ 5.王b3,白王脱险后可抗衡。

3.… b7-b5+!

及时冲兵助战,把白王引入绝境。

4.王a4-a5 王c8-b7!

冷静的一着,白方认输,因威胁5.…象d8#。如5.象×g5,则5.…象×g5 6.后×g5 后×a4#。

下面的例局是典型的引入战术与闪击战术配合运用形成绝杀的实例。

图10,黑先。

双方反向易位,意在对攻。白方虽多一象,但子力缺少活力,王城有弱点,而黑方子力位置好,相互各尽其责,于是完成了漂亮的战术组合。

1.………… 车h8-h1+! 2.王g1×h1 后e4-h7+!

3.王h1-g1 后h7-h2+!!

弃后"引蛇出洞",有胆有谋。

图10

4. 王g1×h2　　　马e5-f3+!

严厉的一击，形成双将。

5. 王h2-h1　　　车d8-h8#

形成车马象配合杀王，黑胜。

练习

问题

以下各图如何运用引入战术?

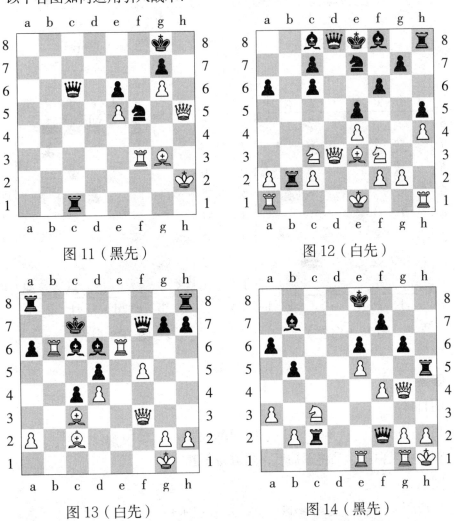

图11（黑先）　　　　　图12（白先）

图13（白先）　　　　　图14（黑先）

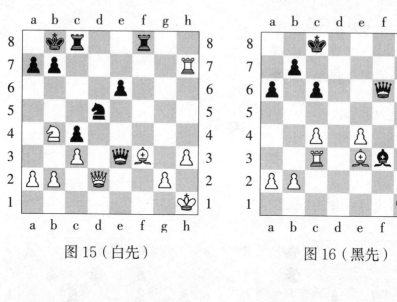

图 15（白先）　　　　　　图 16（黑先）

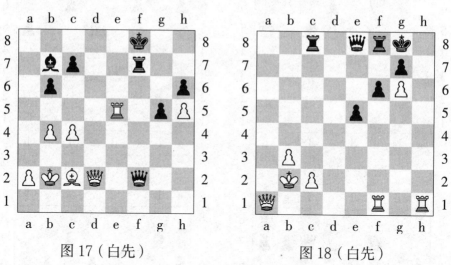

图 17（白先）　　　　　　图 18（白先）

答案

图11

1. ……　　　车c1-h1+!　2. 王h2×h1　马f5×g3+ －+

弃车引入白王，马将军抽后，黑方得子胜。

图12

1. 后d3×d8+!　王e8×d8　2. 0-0-0+ +-

兑后引入白王，长易位后形成车将军、王吃车的有趣局面，白方得子胜。

图13

1. 车b6×c6+!　　王c7×c6　　2. 后f3×d5+!　　王c6×d5

3. 象c2－e4#

图14

1. ……………　　象b7×g2+!　2. 后g4×g2　　车h5×h2+

3. 王h1×h2　　后f2－h4#

图15

1. 后d2×e3!　　马d5×e3　　2. 车h7×b7+!　王b8－a8

3. 车b7×b8+!　王a8×b8　　4. 马b4－a6#

图16

1. ……………　　车h4－h1+!　2. 王g1－f2　　车h1－f1+!

3. 王f2×f1　　象f3×g2+!　　4. 王f1×g2　　后f6×g7+

引入战术成功，黑方得子胜。

图17

1. 后d2－d8+!　王f8－g7　　2. 车e5×g5+!　h6×g5

3. h5－h6+!　　王g7×h6　　4. 后d8－h8+　车f7－h7

5. 后h8×h7#

图18

1. 车h1－h8+!　王g8×h8　　2. 车f1－h1+!　王h8－g8

3. 车h1－h8+!　王g8×h8　　4. 后a1－h1+　王h8－g8

5. 后h1－h7#

白方运用引入和腾挪战术，弃双车引王入虎（后）口，形成典型的后兵配合杀王，这种杀式称为"达米阿诺杀法"。

第24讲　堵塞

堵塞战术是用弃子或弃兵手段，迫使对方子力自相堵塞，它是引入战术的一种特殊形式。这里要攻击的目标不是被引入的子力，而是出路被堵塞的棋子。

运用堵塞战术往往能赢得宝贵的时间，从而获益，有时甚至形成将杀。

图1，黑先。

黑方后、车控制着白王，黑后如能吃掉d5白兵将军，白王将面临被杀。而白方后、车保护着d5兵，于是运用堵塞战术，使其失去对d5兵的守护，是当务之急。

1.… 象e5 – d4！

弃象强行堵塞，威胁下着车g1＃和后×d5＃。白方看到为了解杀难免失分，结果也是输棋，只好放弃抵抗，黑胜。

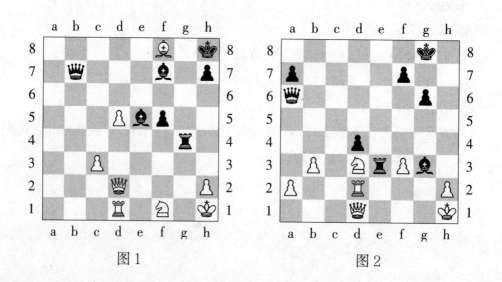

图1　　　　　　　　图2

图 2，黑先。

双方子力相当，白方看似防守严密，而黑象又在白兵嘴里，但经过分析发现黑方后在a6至f1斜线上可有作为，切断白方后和白王的联系便可成功。于是，1. … 车e3-e1+，用车完成堵塞战术，白方认输。因如2. 马×e1，则2. … 后f1#；或2. 后×e1，则2. … 象×e1，黑方以车换后得子胜。

在残局中，一方巧妙地运用堵塞战术，使小兵升变的例局也很有意思。

图 3，黑先。

黑方多一兵，而白方的通路联兵也很有威力。在一般情况下，要想取胜还要费些周折，而黑方巧妙地运用堵塞战术，则快速取得胜势。

1. ………… 车b3-b1!

弃车堵塞，构思精妙。

2. 王c2×b1　　g3-g2!

白王把白车回a1防守的线路堵塞，白车只能隔岸观火，眼睁睁看着g2兵升后，形成黑方后两兵对白方车两兵的局面。黑方胜势。

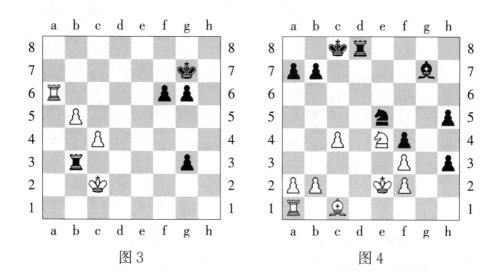

图3　　　　　　　　图4

和上例方法相似，黑方利用先行之利，及时弃车堵塞白车要道，使兵升后，确立胜势。

图 4，黑先。

黑方h3通路兵即将升后但如马上走1. … h2，则2. 象d2亮出a1车，黑方则欲速不达。于是先走1. … 车d8－d1！次序准确，关键的一着。以下h3兵必能升后，堵塞战术成功，黑方胜定。

下面两例是及时运用堵塞战术，迫使对方王的路线被堵塞，然后由马来完成闷杀。

图 5，白先。

1. 马e5－f7+！　　王h8－g8　　2. 马f7－h6+！　　王g8－h8

3. 后c4－g8+!!　　车f8×g8　　4. 马h6－f7 #

这样由后马配合完成的杀式称为"菲利道尔闷杀"。

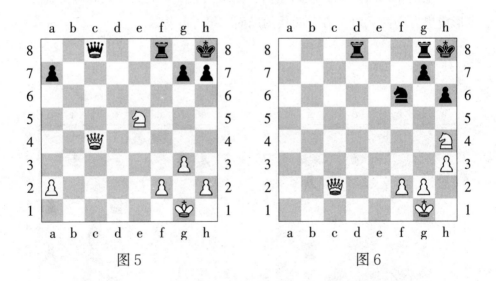

图 5　　　　　　　　　图 6

图 6，白先。

黑王位于角格，出路受困，白方运用堵塞战术完成闷杀。

1. 马h4－g6+　　王h8－h7　　2. 马g6－f8+！　　王h7－h8

3. 后c2－h7+！　　马f6×h7　　4. 马f8－g6 #

第24讲 堵塞

我们知道单马是不能杀王的，但图7的例局由于黑方多了一只碍事的兵，白方通过精确的计算，运用等着迫使黑方作茧自缚，同样形成闷杀。

图7，白先。

1. 王d3－c3!　　王a2－a1　　2. 王c3－c2!　　王a1－a2
3. 马d2－e4!　　王a2－a1　　4. 马e4－c5　　王a1－a2
5. 马c5－d3　　王a2－a1　　6. 马d3－c1!　　a3－a2
7. 马c1－b3#

马到成功，闷杀。形成王、马巧杀王、兵的独特杀式，白胜。

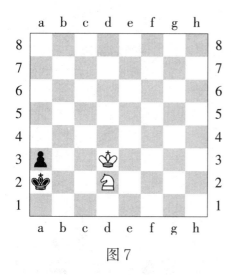

图7

图8

图8，白先。

白方后、车配合威胁杀王，黑王唯一的出路是f7格，于是运用堵塞战术，堵塞住f7格，是当务之急。

1. f6－f7+!　　车f8×f7　　2. 后h5－h8#

弃兵堵塞，造成杀王，白胜。

图9，白先。

双方对攻，各攻一翼，王城都十分危急。白方利用宝贵的先手，算准变化以攻为守，连续运用堵塞战术，果断弃掉后、车，迫使黑方自堵王路、窒息而亡。杀法如下：

1. 象b3－d5+　　马a5－b7　　2. 后d6－b8+!　　车c8×b8

3. 车a1×a7+!　　象b6×a7　　4. 马b5－c7#

如此滑稽的杀王!

图10，白先。

1. 马f3－e5!

进马控制f7格，威胁下着车h8#。

1. … d6×e5

被迫之着，如1. …后×e5 则2. 后×e5　d×e5　3. g6，仍是下着 4. 车h8绝杀。

2. g5－g6!

置后在黑兵嘴里不顾，冲兵锁喉，威胁要杀，迫使黑后调离a2－g8斜线。

2. … 后e6×g6　　3. 后d4－c4+!

最后一击，迫使黑方自我堵塞。

3. … 车f8－f7　　4. 车h5－h8#

已备好的双车在后的配合下完成闷杀，白胜。

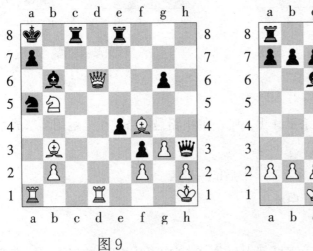

图9

图10

练习

问题

以下各图如何运用堵塞战术?

图 11（白先）

图 12（白先）

图 13（黑先）

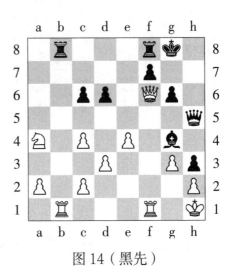

图 14（黑先）

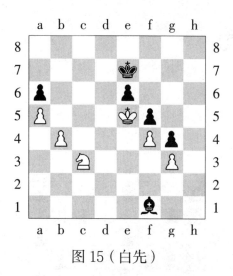

图 15（白先）

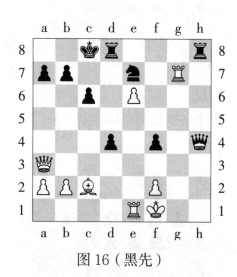

图 16（黑先）

图 17（黑先）

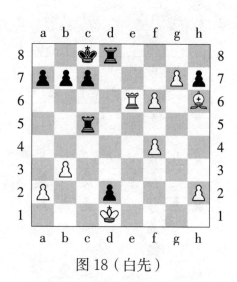

图 18（白先）

答案

图11

1. f6-f7+！　　车f8×f7　　2. 后h5-h8#

图12

1. 象b5-e8！　　后f3-f5　　2. 车e1-e6！

弃车堵塞，黑方即使用后换车仍逃脱不了被杀，请你自行演示一下。

图13

1. ……　　　　车d8－d2+！　2. 马c4×d2　　马f3－d4+

3. 王e2－e1　　马d4－c2 #

图14

1. ……　　　　车b8×b1！　　2. 车f1×b1　　象g4－f5！

3. 王h1－g1　　后h5－e2！

下着后g2，黑胜。

图15

1. b4－b5！　　a6×b5　　　　2. a5－a6　　　b5－b4

3. 马c3－d5+！　e6×d5　　　　4. a6－a7　　　+-

图16

1. ……　　　　d4－d3！　　　2. 象c2×d3　　f4－f3！

3. 车e1－e3　　后h4－h1+　　 4. 车g7－g1　　后h1×g1+！

5. 王f1×g1　　车d8－g8+！　 6. 王g1－f1　　车h8－h1 #

图17

1. ……　　　　车e8－e1+！　 2. 马f3×e1　　后f6－f1+

3. 王h1－h2　　象c3－e5+　　 4. g2－g3　　　后f1×h3+

5. 王h2－g1　　象e5－d4+　　 6. 车c2－f2　　后h3×g3+

7. 马e1－g2　　象d4×f2+　　 8. 王g1－f1　　象d7－h3-+

图18

1. 车e6－d6!!　 车d8×d6（如1.…c×d6则2.f7+-）

2. g7－g8（后）+　王c8－d7（如2.…车d8则3.后×d8　王×d8　4.f7+-）

3. 后g8－f7+　　王d7－c6　　 4. 后f7－e8+　　王c6－b6

5. 后e8－e3!　　王b6－c6　　 6. 后e3×c5+　　王c6×c5

7. f6－f7+-

第 25 讲　拦截

拦截战术是指运用弃子手段，切断对方棋子之间的联络或堵截其通路，来达到某种目的。

图1，白先。

白方威胁后或车吃f8车杀王，但黑后和黑车之间有联络。

于是弃马至f6切断其联络，便可成功。

1. 马e4－f6+!

黑方面临被杀或丢后，只好认输。

图2，白先。

黑方底线防守不严，但如直接进攻走1. 后b8+ 则1. … 车c8，白方毫无收获。通过分析发现可1. 象e5－d6弃象拦截，威胁下着车f8。黑方如1. … 马×d6 则2. 后×e6；如1. … 车×d6 则2. 后b8；如1. … 后×b3 则2. 车f8。拦截成功，黑方只好认输。

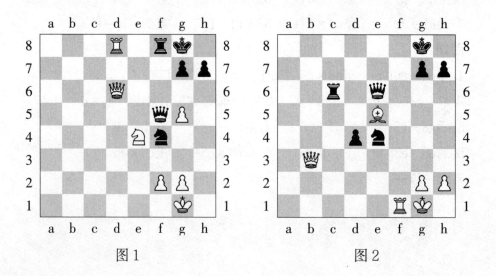

图1　　　　　　　　图2

图 3，白先。

双方子力均等，白后被捉，一旦逃后，黑方则后g2杀王。白方发现黑方底线防守不严，只有h3后控制着c8格，于是白方置己方后不顾，冷静地运用拦截战术，堵截黑后通路使其失去对底线的防守，走1.g3-g4。

黑方认输，因如1.…后×f3（或1.…象×f3）则2.车c8#；或1.…车e8 则2.后×h3白方得后。

图 4，黑先。

黑方象和c2兵被捉，而两兵升变格分别被白车和白象控制着，看似形势不妙，但运用拦截战术，可转危为安，获得胜势。

1.… 象a5-c3!!

弃象拦截，切断白方车直线和象斜线对升变格的控制，形成双向拦截，白方无法阻止黑兵升后。如2.车×c3则2.…a1（后），如2.象×c3则2.…c1（后），黑方胜势。

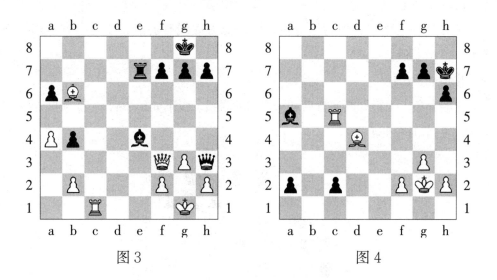

图3　　　　　　　图4

图 5，白先。

白方a7兵即将升后，但黑方a2后正控制着a8格，白方用象的过渡技巧争得一先，巧妙地完成了拦截任务。

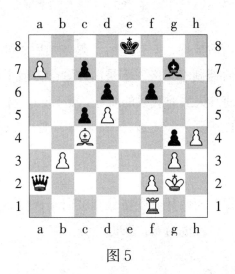

图 5

1. 象c4 – b5+!　　王e8 – e7　　2. 象b5 – a4!

用象拦截成功。a7兵必升后，白方子力由弱变强，多子胜定。

图 6，白先。

黑方多一通路兵，但通过分析，发现黑方底线有弱点，于是白方运用拦截战术，一举获胜。

1. 象a3 – e7!

果断弃象，强行切断黑方后和车之间的联系。以下如1. …后×e7，则2. 后×e7 车×e7 3. 车d1 – d8#

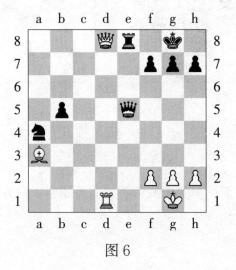

图 6

图7，黑先。

黑方运用过渡与拦截战术相结合的方法取得胜势。

1. ………… 车e2－e4+! 2. 王g4－f3 车e4－b4!

下着b1升后，黑方多子胜。

图 7

图8，白先。

乍一看白方的车和d6的兵分别被捉，通过分析，白方有运用拦截战术取胜之路。

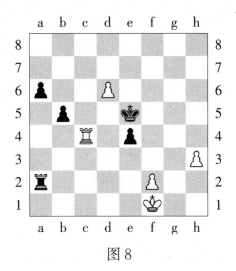

图 8

1. 车c4－d4！

弃车助兵升后，黑方被迫用王吃车，这样黑王就成为d兵的挡箭牌了。

1. ………… 王e5×d4 2. d6－d7

黑方作茧自缚，无法阻止d兵的升后，白方多子胜。

图9，黑先。

白方e7兵在先手吃d8车升后带将，但王城削弱，黑方d3象控制着b1－h7斜线，黑后如能到a4格即可杀王。而白后正控制着a4格，因此切断白后对a4格控制是取胜的关键。

1. …车d8－d4

一箭双雕，既逃车，又拦截白后。

2. e3×d4 后c6－a4！

下着后c2#，白无解。

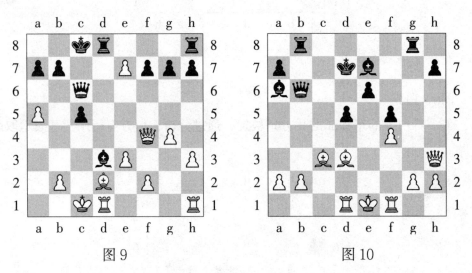

图9 图10

图10，黑先。

白方王位于中路，双车阻塞王的出路，黑方后e3杀着只有白后在防守着，黑方以拦截战术与引离战术相结合达到目的。

1. … 车g8－g3！

弃车拦截，迫使白后进入e7象的视线。

2. 后h3×g3

如走2.h×g3，则2.…后e3 3.象e2 后×e2#。2.…象e7-h4!
引离战术奏效，白方面临被杀或丢后，黑胜。

练习

问题

以下各图如何运用拦截战术?

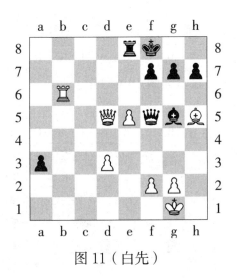

图11（白先）

图12（白先）

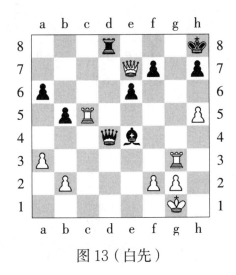

图13（白先）

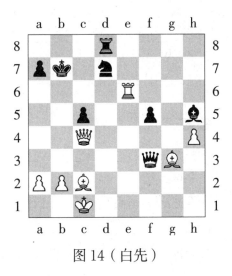

图14（白先）

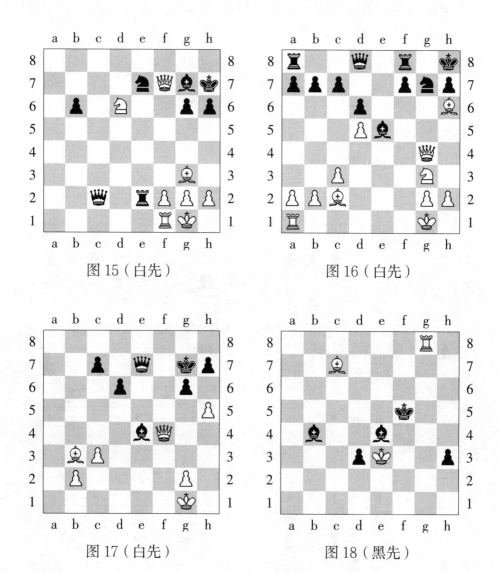

图 15（白先）　　　　图 16（白先）

图 17（白先）　　　　图 18（黑先）

答案

图11

1. 车b6-f6!

用车拦截，下着后×f7，白胜。

图12

1. 象h6-g7+!　　王h8-g8　　2. 象g7-d4#

黑王无处躲藏，白胜。

图13

1.车c5－d5!

黑方不论走什么，都会被杀，白胜。

图14

1.象c2－e4+!　　f5×e4　　2.后c4－d5+　　王b7－c8

3.后d5－c6＃

图15

1.象g3－e5!　　车e2×e5　　2.马d6－e8　　马e7－f5

3.马e8－f6+　　王h7－h8　　4.后f7－g8＃

图16

1.象h6×g7+!　　象e5×g7　　2.后g4－f5　　后d8－h4

3.马g3－h5!

用马拦截，下着后×h7＃，黑为解杀只有用后换马，白胜。

图17

1.h5－h6+!　　王g7－h8　　2.象b3－e6!　　后e7×e6

如2.…d5则3.后e5。

3.后f4－f8+　　后e6－g8　　4.后f8－f6+　　后g8－g7

5.后f6×g7＃

拦截战术与过渡着法结合，形成后兵配合杀王。

图18

1.…d3－d2!　2.车g8－d8（如2.车g1则2.…象c5抽车；或2.王e2则2.…象f3，d兵升后）

2.…　象b4－d6!　3.车d8×d6〔如3.象×d6则3.…d1（后）〕

3.…　h3－h2!　4.车d6×d2　h2－h1（后）

黑方运用双向拦截战术，巧妙地使兵升后，已多子胜定。

第26讲　腾挪

腾挪是指运用弃子、兑子或其他强制手段腾出要点格位或打开线路。

要使腾挪战术奏效，速度是首要的。为了不给对方喘息的机会，通常利用弃子或将军给对方构成各种威胁来赢得时间。

图1，白先。

白方面临黑方车e1#。白方发现如白后能到g7将军，即可成杀局，但g7格现有己方车占据，妨碍实现上述计划。于是白方利用弃车将军赢得时间腾出g7格，从而先声夺人，完成将杀。

1.车g7-h7+!　　王h8×h7　　2.后g5-g7#

从广义上讲，前面介绍的闪击战术也可纳入腾挪的范畴。

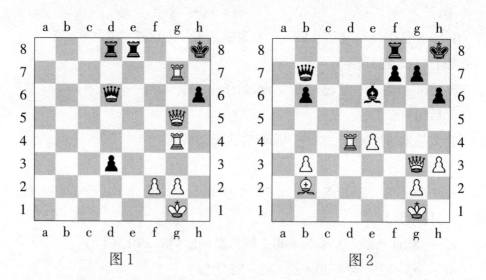

图1　　　　　　　　图2

图2，白先。

白方威胁后×g7，但现有己方d4车挡着b2象的线路，无法实现上述计划。于是白方利用弃车捉后赢得时间，腾出a1-h8斜线，取得成功。

1.车d4-d7!

把车闪开捉后，威胁下着后×g7。黑方面临被杀和丢后，于是认输。

如果腾出格位和腾出线路同时运用，则效果更为明显，请看下面例局。

图3，白先。

双方已进入中局阶段。通过分析，白方发现黑后位置不佳，潜伏被活捉的可能。从何入手呢？如能腾开c4格让马占领，同时把e5格马腾开亮出h2－b8斜线，岂不一举两得？如何赢得时间不让黑方喘息呢？腾挪战术显示了威力。

1. 象c4×f7+!

弃象将军，同时腾出c4格。

1. …车f8×f7　2. 马e5－c4!

马进入c4提后，同时又腾开g3象的线路使象控制住c7格，黑后无处可逃，白方得后胜定。

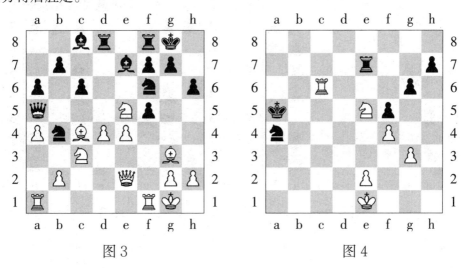

图3　　　　　　　　图4

图4，白先。

在看似均势的局面中，白方运用腾挪战术，轻易取得胜势。

1. 车c6×g6!

弃车给马腾出c6格，为马的击双创造条件。黑方有两种应着：①1. …车×e5　2. f×e5　h×g6　3. e6，黑方无法阻止白兵升后。②1. …h×g6　2. 马c6+　王b5　3. 马×e7再4. 马×g6，白方净多两兵。

由于各子力性能不同，我们会发现不同的子力占据某要点格位时，会产生不同的效果，这就是子力动态价值观。如何利用要点格位，以及用什么子力去占领，运用腾挪战术效果尤为明显。

图5，黑先。

双方王均处于边线，而且活动受限制，由此，萌发战术组合。

1.…后g1-f2+!

引离白后，迫使其失去对g5格的防守。

2.后f4×f2 车g5-h5+!!

此局面，黑兵占领g5格作用强于黑车，因此，弃车给兵腾出要点格位。

3.象g4×h5 g6-g5#

黑方运用引离堵塞与腾挪相结合，用兵完成将杀，黑胜。

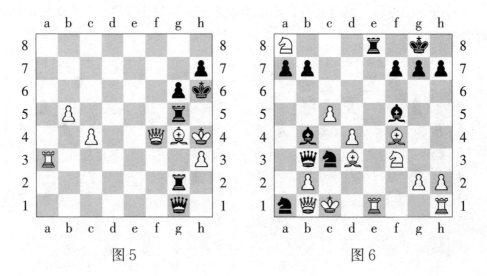

图 5　　　　　　　　图 6

图6，黑先。

黑方少一车，而且双马都在白方嘴里，但黑方子力位置好，正在猛烈攻王，占有局面优势。于是黑方抓紧时间，连续利用腾挪战术（腾出格位，腾出线路），向白王发动致命的攻击。

1.…………　　后b3-d1+!

弃后腾出b3格，同时又引离白车对e2格的防守。

2.车e1×d1　　马c3-e2+!

给b4象腾出线路，同时又迫使白方d3象让出b1-h7斜线，限制白王逃路线路。现在的局面b3格由马占据，作用明显强于后。

3. 象d3×e2　　马a1-b3#

黑马在双象的配合下完成将杀,黑胜。

图7,黑先。

本例局显示了腾挪战术的强大威力。黑方看到白方h1-a8斜线空虚,而g8黑车又控制着g线,把白王锁在盘角,于是产生了把d7白格象调到d5格的动因。黑方是如何巧妙地完成上述计划呢?请看实战:

1. …d5-d4!　弃兵腾出d5格,次序准确。

2. 象e3×d4　　马e6×d4!

及时以马换象,既腾出e6格,又使c5白马受牵制。

3. 后f2×d4　　象d7-e6!

下着4. …象d5或4. …象×b3计划终于实现了,白方面临失子,黑方胜势。

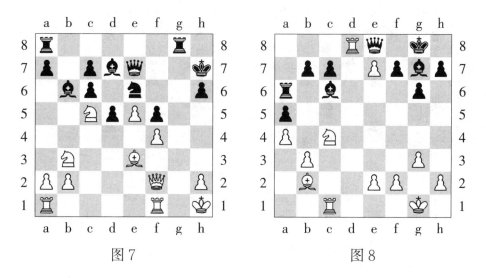

图7　　　　　　　　　图8

图8,白先。

白方d8车在e7兵的支持下牵制着黑后,如平庸地用车换后,白方不满意。顺此思路,如能先把c6象拔掉,则黑后自然就会被白车净吃了,于是用跳马捉后腾出c1车的线路来吹响了进攻的号角。

1. 马c4-d6!　　c7×d6　　2. 车c1×c6!　　车a6-a8

3. 车d8×a8!　　后e8×a8　　4. 车c6×d6!

至此,黑方无法防御白车d8威胁,只好认输。

图9，白先。

双方都没易位，王在中路但中心封闭。白方子力畅通，e6兵顶着e7黑兵使黑方后翼子力无法调整，于是打开h线迫在眉睫。

1.后d2－g5!!

果断弃后，为h1白车打开h线。

1.…车h5×g5

因有2.后×g6+，被迫接受弃后。

2.h4×g5 马b6－d7

太迟了，无效的抵抗。

3.车h1－h8+! 马d7－f8 4.象d4－g7

下着车×f8杀，白胜。

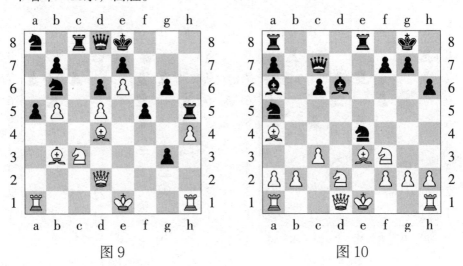

图9　　　　　　　图10

图10，黑先。

白王被困在中路，无法易位（黑a6象控制着f1格）。黑方通过准确计算，连续弃子打开线路，干净利索地完成杀王。

1.…马e4×c3!

弃马为车腾开e线。

2.b2×c3 车e8×e3+!

弃车打开e1－h4斜线。

3.f2×e3 象d6－g3+!

前仆后继，为最后的将杀打开了胜利之线。

4. h2×g3 后c7×g3#

黑方运用腾挪战术，先后弃掉马、车、象使白方无法喘息，最终由后象配合把白王在原始位置生擒。

练习

问题

以下各图如何运用腾挪战术？

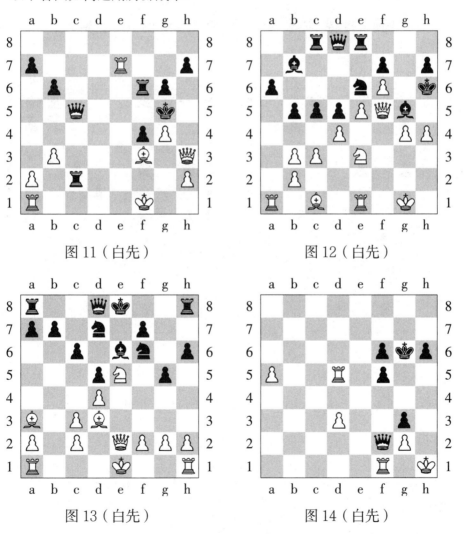

图11（白先）　　　　图12（白先）

图13（白先）　　　　图14（白先）

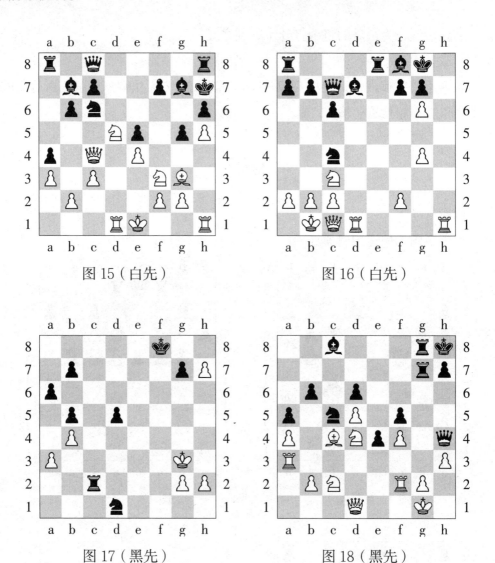

图 15（白先）　　　　图 16（白先）

图 17（黑先）　　　　图 18（黑先）

答案

图11

1. 后h3－h4+!　王g5×h4　2. 车e7×h7+!　王h4－g5

3. h2－h4 #

图12

1. 后f5×g5+!　马e6×g5　2. 马e3－f5+!　王h6－g6

3. h4－h5 #

图13

1. 马e5×c6!　　b7×c6　　2. 后e2×e6+!　f7×e6
3. 象d3－g6#

图14

1. 车f1×f2!　　g3×f2　　2. 车d5×f5!　　王g6×f5
3. g2－g4+!　　王f5－e5（3.…王×g4　4. 王g2+−）
4. 王h1－g2　　王e5－d5　5. d3－d4!　　　王d5－c6
6. 王g2×f2　　王c6－d5　7. 王f2－g3　　 王d5－c6
8. 王g3－f4+−

图15

1. 马d5－f6+!　象g7×f6　2. 后c4×f7+　　象f6－g7
3. 马f3×g5+!　h6×g5　　4. h5－h6

下着杀，黑方无解。

图16

1. 车h1－h8+!　王g8×h8　2. 车d1－h1+　王h8－g8
3. 车h1－h8+!　王g8×h8　4. 后c1－h1+　王h8－g8
5. 后h1－h7#

图17

1. ………　　　车c2－c3+!　2. 王g3－g4!　车c3－c4+
3. 王g4－g5!　车c4－h4!　　4. 王g5×h4　　g7－g5+!
5. 王h4×g5　　王f8－g7

黑方腾挪成功，捉死h7兵，净多一马，黑胜。

图18

1. ………　　　e4－e3!　　　2. 车a3×e3　　马c5－e4!
3. 车f2－e2　　车g7×g2+　　4. 车e2×g2　　后h4－f2+!
5. 王g1－h1　　后f2×g2#

第27讲 过渡

过渡战术是指借助强制性的着法，如将军、叫杀、吃子等威胁手段，打乱对方预定的着法，使局势发生突变。

图1，白先。

黑方未易位，王不安全，白方抓住机会运用过渡战术，连打带消，净赚两兵，取得胜势。

1. 马d4×e6!　　后d8×d3

如1.…f×e6则2.象×c5。

2. 马e6×g7+!　　王e8－f8　　3. 象e3×c5+!　　王f8×g7

4. e2×d3　+−

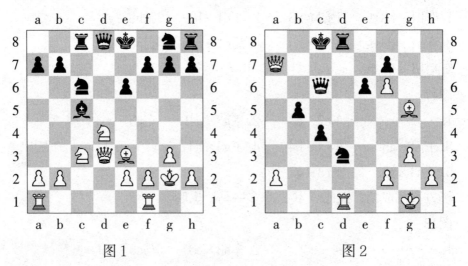

图1　　　　　　　　图2

图2，黑先。

黑方少一兵，但白方的h1－a8斜线空虚，底线防守不严。粗看黑方可以利用其弱点走马f4，威胁后g2和车d1双重叫杀，但直接走1.…马f4，白方可走车×d8＋再象×f4，黑方鸡飞蛋打，白方将多子胜。

1.…车d8－d7!

过渡战术，先手捉后，改变了车的位置。白后无论逃哪儿，这时再走2.…马f4，白方无法解除双重叫杀的威胁，黑胜。

图3，白先。

白方利用黑象位置不佳，连续运用过渡着法，使其就范。

1. h2-h3!　　　象g4-e2　　2. b2-b4!　　　后a5×b4

3. 车f1-b1!　　后b4×c4

如3.…后a5，则4.车b5，再5.马×e2得象。

4. 马c3×e2

白方过渡战术奏效，获得利益，形成胜势。

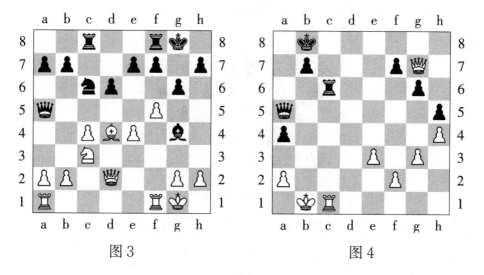

图3　　　　　　　　图4

图4，黑先。

虽然双方子力相等，但白方的王城洞开，黑方的后和车位置均佳，必然有戏可"唱"。例如：1.…后b4+　2.后b2 车×c1+　3.王×c1 后e1+　4.王c2 后×f2+，黑方胜势。然而，黑方通过比较，发现如运用过渡战术则更为简洁有力，着法如下：

1.… 后a5-f5+!

强制性的过渡着法，逼使白方走王b2，使白后无法回防了。

2. 王b1-b2　　　后f5-b5+!

白方认输，因以下是3.王a3 车×c1，黑胜。

在开局中抓准机会运用过渡性着法叫杀，常常能争得先手，改变局面的结构，为战术打击赢得时间，很快便能确立胜势。

图5，白先。

对局伊始，双方均未易位，白后被黑象捉，但白方不予理采。

1.马f3-e5　过渡战术，威胁　2.象×f7。

1.…e7-e6

被迫之着。如改走1.…后c7保象，则2.象×f7　王d8　3.后d1之后，黑方已丧失易位权，且出子落后，白方牢牢地掌握着主动权。

2.马e5×c6　　马b8×c6　　3.后a4×c6+　　王e8-e7

过渡战术奏效，净赚一象，白方胜势。

图5

图6，白先。

开局不久，双方已发生激战。白a1车在马嘴里，白如跟着黑方的节奏平庸地走1.a×b3，则1.…象×f5，白方无代价地丢失了f5兵。白方通过计算，以过渡着法主动弃兵，使兵死得其所。

1.f5-f6!　g7×f6

无奈之着。如1.…马×a1，则2.车×e7+　王f8　3.后h5　象e6　4.象h6，白方攻势迅猛。

2.a2×b3

第27讲 过渡

白方虽少一兵，但通过过渡战术破坏了黑方王翼兵形的结构，在局面上有足够的补偿。

图 6

通过上面的例局，我们体会到准确运用过渡战术，能起到画龙点睛、事半功倍的效果。

练习

问题

以下各图如何运用过渡战术？

图 7（白先）

图 8（白先）

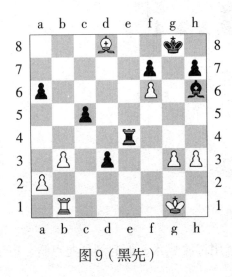

图9（黑先）

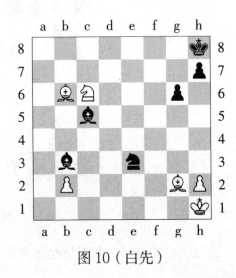

图10（白先）

图11（白先）

图12（白先）

答案

图7

1. 后c5－a5!　　车a8－f8　　2. 后a5－g5

黑方认输，因以下是2. …g6 3. 后h6。

图8

1. 马e4－c5!

黑方认输，因如1. …象×c5 则2. d7。

图9

1. …………　　象h6－c1!　　2. 车b1×c1　　d3－d2!

白方认输，因如3. 车d1则3. …车e1+。

图10

1. 象b6×c5　　马e3×g2　　2. 马c6－e7!

典型的过渡战术，改变了马的位置，威胁象d4杀，从而使黑方象d5+抽马的幻想破灭。

2. …………　　王h8－g7　　3. 王h1×g2

白方多子胜定。

图11

1. 车a7×e7!　　后f7×e7　　2. 象d4－c5!

白方运用过渡战术捉死黑后，多子胜定。

图12

1. 车c1×c5!　　后c7×c5　　2. 象h6－e3!　　后c5－c7

3. 象d5×f7+!　　后c7×f7

如3. …王f7，则4. 马d6+　王e7　5. 后f7+　王d6　6. 车d1+　+－。

4. 马f5－h6+　　王g8－g7　　5. 马h6×f7　　车a7×f7

6. 象e3－h6+!　　王g7－g8　　7. 后f3－c3

白方多子胜定。

第28讲　正方形法则

正方形法则是快速而准确判断单兵在没有王帮助的情况下能否升变的法则。

如图1，把兵所在的格子到它的升变格这一段直线作为正方形的一条边，在棋盘上设想一个正方形并用虚线画出：h3－h8－c8－c3－h3。

如果对方的王在此正方形内，或能及时进入此方形内，那么就能追上这只兵；反之，则追不上，只能望兵升变了。这就是正方形法则的基本内容。

图1，白先。

黑王在白方h3兵正方形之外，因此追不上兵。着法如下：

1. h3－h4　　　王b3－c4　　2. h4－h5　　　王c4－d5
3. h5－h6　　　王d5－e6　　4. h6－h7　　　王e6－f7
5. h7－h8（后）

如黑方先走1.…王c4（或1.…王c3）进入正方形，即能追上白兵。

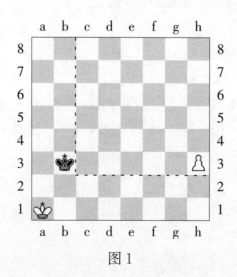

图1

第28讲 正方形法则

在运用正方形法则时，必须注意当兵处在原始位置时，它一步可以走两格，如图1兵位于h2格，它的正方形仍是h3－h8－c8－c3－h3。

另外，正方形内如有其它小兵存在，也必须充分考虑到它对棋局的影响。

图2，白先。

黑王虽然在白a3兵正方形内，但黑方有一只碍事的d5兵成为路障，黑王必须绕行，因此，追不上白兵。着法如下：

1. a3－a4　　　王f3－e4　　2. a4－a5　　　王e4－e5（或2.…王d4）
3. a5－a6

白兵必升后。

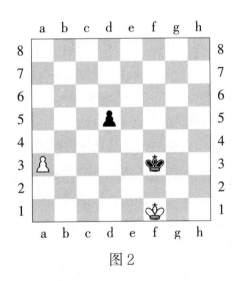

图2

图3，白先。

黑王虽然也在白方g3兵的正方形内，但由于黑王在捉兵的道路上有白方e4兵控制着d5格，因此黑王也追不上g3兵。

1. g3－g4　　　王b3－c4　　2. g4－g5　　　王c4－c5
3. g5－g6

白兵必升后，白胜。

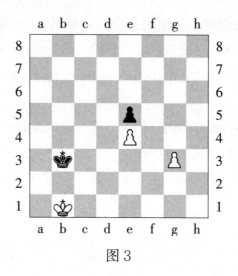

图 3

图4，白先。

白方以准确的次序，先弃兵给黑方设置障碍，使黑王无法捉住在正方形内的a3兵。

1. d4－d5!   e6×d5   2. a3－a4

白方a兵必将升后，黑王只能望兵兴叹。

在正方形法则中，还包含着一个"活动正方形法则"。

所谓活动正方形法则，是指同一横线上的两只孤兵所在格子连线，作为正方形的边长向前设想一个正方形。如正方形的边已到达底线，则孤兵可不需要王的帮助就能升后；否则孤兵需要王的帮助方能升后。

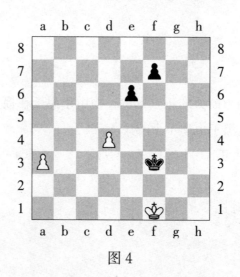

图 4

如图5，图中的虚线构成了孤兵的活动正方形。白先，升变过程如下：

1. b5 – b6   王d7 – c6

2. e5 – e6!   王c6 × b6

3. e6 – e7   白胜。

如黑先：1. … 王d7 – c7 2. e5 – e6 王c7 – d6 3. b5 – b6 王d6 × e6 4. b6 – b7，也是白胜。

黑王在防守中，总是顾此失彼。白兵无需王的帮助，两只孤兵相互配合总会有一只兵升后。

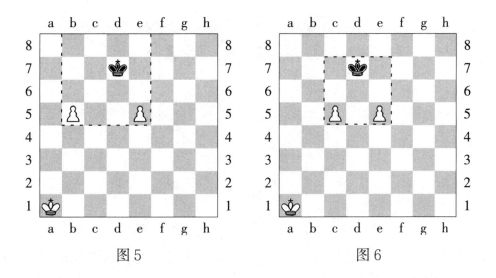

图 5   图 6

如果把图5中的b5兵移到c5格，如图6，这时兵的活动正方形未到达底线，此时需要王的帮助才可实现升后。着法如下：

1. 王a1 – b2!   王d7 – c6

2. e5 – e6!   王c6 – c7

3. 王b2 – c3   王c7 – c6

4. 王c3 – d4

白王已到位，兵在王的帮助下必能升后。

图7，白先。

双方都是王双兵，但白方的有根通路兵，需要有王的帮助才能升后，而黑方的两只孤兵组成的活动正方形，不需王的帮助即可升后。请看实战：

1. 王f3–f4　　h5–h4　　2. 王f4–g4　　d5–d4!
3. 王g4–f3　　h4–h3!　　4. 王f3–g3　　d4–d3

至此，白方无法兼顾两兵的前冲，黑胜。

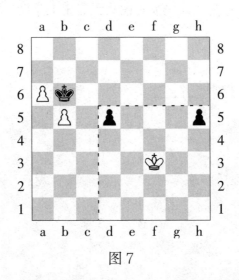

图7

图8，白先。乍一看，白方王困在底线，无法捉住黑兵，而白兵又在黑王的正方形内，但白方利用王的双重调动，与黑方周旋，巧妙地进入黑兵的正方形，成功守和。

1. 王d8–c8!

准备和己兵联系，牵制黑王的行动。如1. a6 则1. …王c6，白兵被捉死，黑胜。

1. ………… 　王d6–c6

被迫，否则白兵将先升后。

2. 王c8–b8!　　王c6–b5　　3. 王b8–b7!

迫使黑王吃兵，使其让出对c6格的控制。

3. ………… 　王b5×a5　　4. 王b7–c6!　　h7–h5
5. 王c6–d5

至此，白方的计划实现了，白王成功地进入了黑兵的方形区，和棋。

正方形法则形式多样，在实战中广泛出现，它是王兵残局的基础，因此要格外重视。

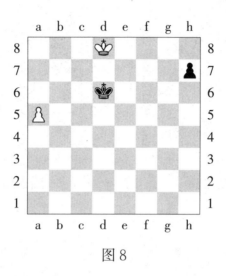

图 8

练习

问题

以下各图如何正确应用正方形法则？

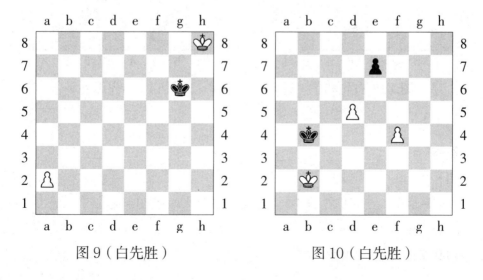

图 9（白先胜）　　　　　　图 10（白先胜）

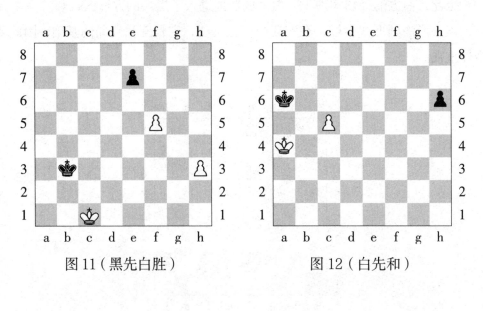

图 11（黑先白胜） 图 12（白先和）

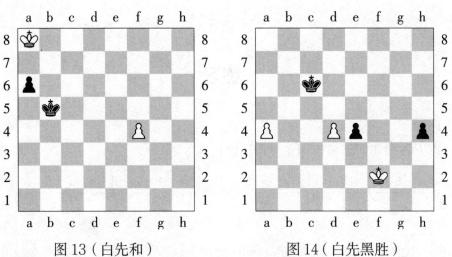

图 13（白先和） 图 14（白先黑胜）

答案

图9

1. a2 - a4!　　　王g6 - f6　　2. a4 - a5　　　王f6 - e6
3. a5 - a6

白兵必能升后，白胜。

图10

1. d5－d6!   e7×d6   2. f4－f5

白兵必能升后，白胜。

图11

1. …………   王b3－c4   2. h3－h4   王c4－d4

另一变化黑方也是输棋，如2.…王d5 3. h5 王e5 4. h6 王f6 5. 王d2 王f7 6. 王e3 王g8 7. 王f4 王h8 8. 王e5 +－。

3. f5－f6!   e7×f6   4. h4－h5   王d4－e5

5. h5－h6

白兵必能升后，白胜。

图12

1. c5－c6   h6－h5   2. 王a4－b4   h5－h4

3. 王b4－c5   h4－h3   4. 王c5－d6   h3－h2

5. c6－c7   h2－h1（后）   6. c7－c8（后）+

形成单后对单后的官和局面。

图13

1. 王a8－b7!   a6－a5   2. 王b7－c7   王b5－c5

3. 王c7－d7   王c5－d5   4. 王d7－e7   王d5－e4

5. 王e7－e6   王e4×f4   6. 王e6－d5

黑兵必失，和棋。

图14

1. a4－a5

另一变化白方也是输棋，如1. 王e3 h3 2. 王f2 h2（或2.…e3＋3. 王×e3 h2）3. 王g2 e3。

1. …………   王c6－b5   2. d4－d5   王b5×a5

3. d5－d6   王a5－b6

白兵必失，黑胜。

第29讲　对王和关键格

在王兵残局中，要使己方兵升变，除了上面讲的正方形法则（没有王帮助时兵的升变），还有一种情况需要有己方王的帮助兵才能升变。

这里涉及到一个重要知识，即"对王"和"关键格"。由于对王和关键格有密切联系，因此我们把这两个知识放在一起来讲。

对王是指双方的王在同一条直线、横线或斜线上，相隔单数格相对峙的形势。

如图1，王与王在直线上相对，它们之间只隔一个格，称为短矩离直线对王。

如图2，王与王在横线上相对，它们之间只隔一个格，称为短矩离横线对王。

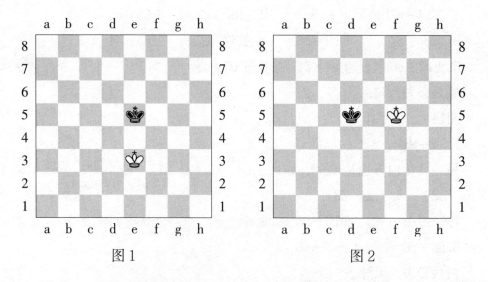

图1　　　　　　　　图2

如图3，王与王在斜线上相对，它们之间只隔一个格，称为短矩离斜线对王。

第29讲 对王和关键格

如王与王之间隔三个格称长距离对王，隔五个格时称超长距离对王，它们是过渡性的对王，可转化为短距离对王。

在通常情况下，对王时轮谁走棋，对谁不利，而争得主动对王往往是取胜的关键。

对王的目的是什么呢？这就涉及到另一重要知识：关键格理论。

有王保护的通路兵，在兵的前面某些重要格子如己方王能占领，则此兵能升变，这些格子称为兵的"关键格"。因此关键格是双方争夺的要点，它是决定对局结果的关键所在。

图3

不同位置的兵，关键格是不同的，如图4、图5中标有"·"的格子代表关键格。

从图4中我们可以知道：白方e2兵有三个关键格，是与这个兵隔一横排与兵所在的直线和左右相邻的三个格即d4、e4、f4。3、4线上的兵关键格与2线兵关键格道理相同。如兵位于c3时，关键格是b5、c5、d5三个格，如兵位于g4时，关键格是f6、g6、h6三个格，即从b线至g线4横线以下兵的关键格都是三个。而兵到达第5横线时，由于对方王的活动范围减少，这时兵的关键格有

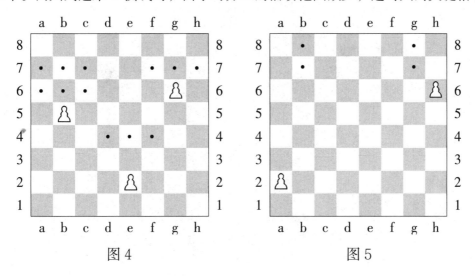

图4　　　　　　　　　图5

六个，图 4 中b5兵的关键格是a6、b6、c6、a7、b7、c7。第 6 横线的兵关键格有三个，g6兵的关键格是f7、g7、h7。而边线（a、h）兵的关键格只有两个，而且是固定的，如图5中的白方a线上的兵关键格是b7、b8，白方h线上的兵关键格是g7、g8。

需要说明的是上面所讲的关键格知识从视觉角度来说都是以白方为例的，黑方兵的关键格道理和白方是相同的，这里不再另叙了。

以上我们已经了解到在不同位置上的兵的关键格。在谋求兵升变的局面中，争夺关键格尤为重要，而对王的目的就是为了争夺关键格，通常若能获得主动对王，就能争得关键格，从而使己兵升变。反之，防御方则尽力阻止对方的王占领这些格子，力争主动对王，取得和局。于是，就展开了争夺关键格的战斗。

下面通过一些基本局面，来学习对王和争夺关键格的知识。

如图6，双方处在对王状态，胜和取决于该谁走棋。如白方先走，实际上是黑方主动对王，则为和棋；如黑方先走，就是白方主动对王，因此白胜。

白先：1. d6－d7　王e8－d8　2. 王e6－d6

黑方无子可动，形成逼和。

黑先：1. …王e8－d8

2. d6－d7　　　王d8－c7　　3. 王e6－e7

下着白兵进至d8升后，白胜。

如图 7，白方兵位于第 4 横线，双方处在对王状态，胜和取决于该谁走

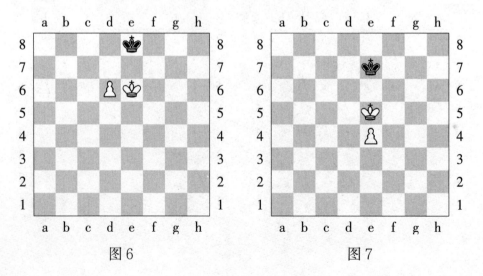

图 6　　　　　　　　　　　　图 7

棋。通过图 6 的例子，我们可以知道，本例也是该谁走棋谁不利的局面，因为该谁走棋就意味着对方主动对王。

白先：1. 王e5-d5　王e7-d7！

主动对王！如白方1. 王f5，则1. …王f7，总之不让白王进驻第 6 横排（即d4兵的关键格）。

2. e4-e5

白方只好冲兵，但在黑方的正确防御下还是无法取胜。

2. ……　　王d7-e7　3. e5-e6　　王e7-e8！

等着，为的是下着争得对王。

4. 王d5-d6　　王e8-d8！

5. e6-e7+　　王d8-e8　6. 王d6-e6

形成无子可动局面，和局。

黑先：1. …王e7-d7

被迫放弃对王。

2. 王e5-f6！

及时占领兵的关键格，确保兵必能升变。

2. ……　　王d7-e8　3. 王f6-e6！

主动对王。

3. ……　　王e8-d8　4. 王e6-f7

兵将升后，白胜。

为了进一步熟悉并掌握对王和关键格这一重要知识，下面看一下白兵在第2横排时，双方争夺关键格的例子。

图8，白先。

1. 王e1-d2！　　王e8-d7

2. 王d2-e3　　王d7-e7！

3. 王e3-e4　　王e7-e6！

黑方顽强应战，取得对王，但是——

4. e2-e3！

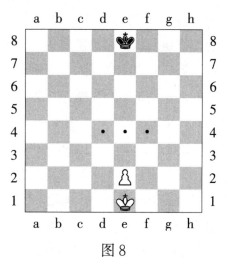

图 8

关键的等着，迫使黑方只好放弃对王，使白王占领兵的关键格。

4. ………… 王e6－d6

5. 王e4－f5

占领了兵的关键格。

5. ………… 王d6－e7

如5.…王d5 则6. e4 王d6　7. 王f6（横线对王）王d7　8. e5，白王已占领了e5兵的关键格，白胜。

6. 王f5－e5!

主动对王，占领了兵的关键格，白兵必升变，白胜。

如黑方先走，则可成功守和，着法如下：

1. ………… 王e8－e7　2. 王e1－d2　王e7－d6

3. 王d2－d3　王d6－d5!

如3. 王e3则3.…王e5。

黑方争得主动对王使白王无法占住兵的关键格，形成已熟悉的和棋局面，下略。

由此可见在抢占关键格时，一步之差往往结果就是两回事，这时速度决定一切。

图9，白先。

白方c3兵的关键格是b5、c5和b6，通过计算白王到达这三个格的步数是相等的，都是四步，而黑王到达这三个格的步数不等，它离b5格最远，于是白方要抢占b5格，才是正确的选择。

1. 王d1－c2!　王f8－e7

2. 王c2－b3!　王e7－d6

3. 王b3－b4!

与黑王斜线对王。如走3. 王c4 则3.…王c6，白方无法占领关键格，黑方则可守和。

3. …………　王d6－c6　4. 王b4－c4!

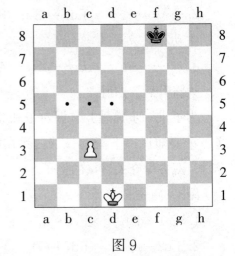

图9

第29讲 对王和关键格

白方争得主动对王，必然要占领一个关键格，从而确保兵能够升变，白方胜定。

如黑方先走，黑方可以阻止白王占领关键格，成功守和。

1. ………… 王f8-e7　　2. 王d1-c2　　王e7-d7

3. 王c2-b3

如走3. 王d3 则3. …王c7 4. 王d4 王d6，和局。

3. …………　　王d7-c7!

好棋，必要的等着。不能走3. …王c6，因白方4. 王c4，黑方将让出关键格导致输棋。

4. 王b3-c4

如走4. 王b4，则4. …王b6主动对王，和棋。

4. …………　　王c7-c6!

至此，白王无法抢占住关键格，黑方成功守和。

图10，白先。

白兵在g5，已进至第5横排，这时兵的关键格有六个即f7、g7、h7、f6、g6、h6，这个结论对于中心兵、象前兵、马前兵都适用。但用于马前兵时，由于接近边线，强方需谨慎，否则有逼和的可能。着法如下：

1. 王f6-f7!

好棋！横线对王。

不能走1. g6，因为1. …王h8　2. g7+ 或2. 王f7，都将形成和棋。

1. …………　　王h7-h8　　2. 王f7-g6!

仍不能走2. g6，也将形成和棋。

2. …………　　王h8-g8　　3. 王g6-h6　　王g8-h8

4. g5-g6!　　王h8-g8　　5. g6-g7

白胜。

图 10

图11，黑先。

双方是远距离对王状态，黑方为了抑制白方王占领b3兵的关键格与白王巧妙周旋，终于成功守和。

1. …王h7 – g7!

好棋！如1. …王g6 则2. 王g4，如1. …王h6 则2. 王h4，形成白方对王，白必将抢占住兵的关键格，白胜。

2. 王h3 – g3　　王g7 – f7!
3. 王g3 – f3　　王f7 – e7
4. 王f3 – e3　　王e7 – d7
5. 王e3 – d3　　王d7 – c7!
6. 王d3 – c3　　王c7 – b7!

7. 王c3 – b4（如7. 王c4 则7. …王c6）王b7 – b6

黑王争得主动对王，白王无法占领兵的关键格，和棋。

本局如轮白方先走，则可利用正方形法则走1. b3 – b4冲兵，可轻松获胜。

最后我们看两个边兵的例子。

如图12，本局是该谁走棋对谁有利的局面。

黑先：1. …王c6 – c7! 横线对王，逼使白王只能在a8、a7重复，黑方则在c8、c7始终保持横线对王，白王无法占住边兵的关键格b8和b7格，和棋。

白先：1. 王a7 – b8占住兵的关键格，确保a6兵升后，白胜。

如图13，双方为争夺关键格而战斗，胜和取决于该谁走棋。白先：

1. 王h3 – g4　　王b4 – c5　　2. 王g4 – g5　　王c5 – d6
3. 王g5 – g6　　王d6 – e7　　4. 王g6 – g7

白方抢先一步占领了边兵的关键格，白胜。

如黑先：

1. …………　　王b4 – c5　　2. 王h3 – g4　　王c5 – d6
3. 王g4 – f5　　王d6 – e7　　4. 王f5 – g6　　王e7 – f8!
5. 王g6 – h7　　王f8 – f7

黑王横线对王，控制住g7和g8格，和棋。

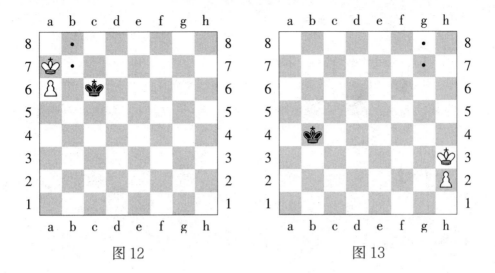

图 12　　　　　　　　　图 13

练习

问题

以下各图如何应用对王和关键格理论?

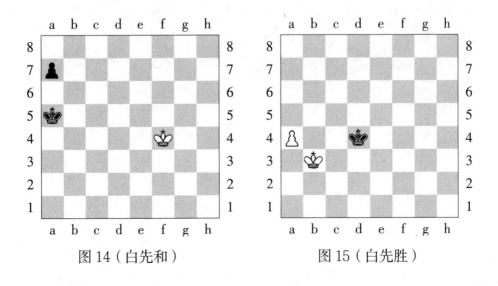

图 14（白先和）　　　　　图 15（白先胜）

图 16（黑先和）

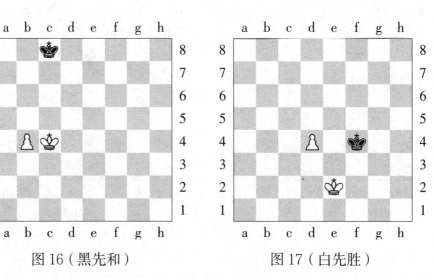

图 17（白先胜）

图 18（白先和）

图 19（白先胜）

答案

图14

1. 王f4－e3 　王a5－b4 　2. 王e3－d2 　王b4－b3
3. 王d2－c1 　王b3－a2 　4. 王c1－c2

图15

1. 王b3－b4! 　王d4－d5 　2. 王b4－b5 　王d5－d6
3. 王b5－b6 　王d6－d7 　4. 王b6－b7

图16

1. ………… 　王c8－b8! 　2. 王c4－c5 　王b8－c7!
3. 王c5－b5 　王c7－b7!

图17

1. 王e2－d3! 　王f4－f5 　2. 王d3－c4 　王f5－e6
3. 王c4－c5 　王e6－d7 　4. 王c5－d5!

图18

1. 王b2－c2! 　王b6－c6 　2. 王c2－d2 　王c6－d6
3. 王d2－e2 　王d6－e6 　4. 王e2－f2 　王e6－f6
5. 王f2－g2 　王f6－f5 　6. 王g2－f3!

图19

1. 王e1－f2! 　王c7－d6 　2. 王f2－g3 　王d6－e6
3. 王g3－h4 　王e6－f6 　4. 王h4－h5 　王f6－g7
5. 王h5－g5 　王g7－h7 　6. 王g5－f6

第30讲 王单兵对王单兵

双方各有一个兵，子力相等，一般来说是和棋。但往往由于双方王和兵所处的位置不同，如王的位置高、兵离升变格近、有主动对王及有等着等，这时常常会分出胜负。

根据兵的不同位置，王单兵对王单兵可分三种情况，即对顶兵、相邻兵和通路兵，下面分别举例说明。

一、对顶兵

双方的兵在一条直线，要想获胜必须完成两个任务：①吃掉对方的兵。②确保己方兵升变。

如图1，双方兵在同一直线上相互对顶，要想获胜，必须先吃掉对方的兵，再保护己兵升变。如何吃掉对方的兵呢？

这里同样要运用关键格理论。对顶兵中己方兵的关键格是小兵所在位置左右各三个格（共六个格），即白方d4兵的关键格是：a4、b4、c4和、e4、f4、g4。同理，黑方d5兵的关键格是：a5、b5、c5和e5、f5、g5。这里所说的关键格是指一方王能占领对方兵的六个关键格中的任一格，即可实现把对方兵吃掉的目标。

图1

仍请看图1，黑先。

显然，黑方兵是保不住了，因为白王将占领黑d5兵的关键格。

第30讲 王单兵对王单兵

1. ……　　　王f6-e6　　2. 王f4-g5!　　王e6-e7

3. 王g5-f5　　王e7-d6　　4. 王f5-f6　　王d6-c6

5. 王f6-e5

白王步步紧逼，将实现吃兵的任务。但黑方冷静防守，守住第二条防线，使白兵无法升后。

5. ……　　　王c6-c7!

准确的等着！黑方运用三角形等王技巧来进行防守，如5.…王d7 则6. 王×d5，白胜。

6. 王e5×d5　　王c7-d7!

黑方争得主动对王，占据了防守的关键格，和棋。

当一方得兵后，又能占领己方兵的关键格时，才能够取胜。

如图2，白王已占领了黑兵的关键格，而且白方的兵高于黑兵，这两点优势是重要的，因此，无论该谁走，白方都能获胜。

白先：1. 王f6-e7!

不能走1. 王e6，因1.…王c5黑方得兵，胜负易手。

1. …王b6-c7

如1.…王c5 则2. 王e6，下着吃兵，白胜。

2. 王e7-e6　　王c7-c8　　3. 王e6×d6

白方运用三角形等王得兵，同时也占领了d5兵的关键格。

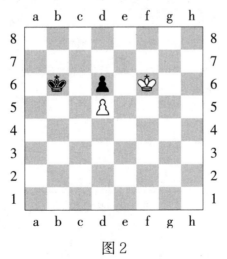

图2

3.…王c8-d8 4.王d6-e6 王d8-e8 虽然主动对王,但由于黑王在底线了,因此,也无法守和。

5.d5-d6 王e8-d8 6.d6-d7 王d8-c7

7.王e6-e7 白胜。

黑先:1.… 王b6-c5(c7) 2.王f6-e6

形成已熟悉的局面,白胜。

由于知道了兵高的重要意义,图3中的例局便可运用此原理,轻松转化为胜利。

图3,白先。

1.d4-d5!

及时冲兵,取胜的关键。

如王b6,则1.…d5 2.王c6 王e7 3.王×d5 王d7,黑方虽失兵,但黑王占领了防守的关键格,和棋。

1.………… 王f7-e7 2.王a7-b6 王e7-e8

3.王b6-c6 王e8-e7 4.王c6-c7 王e7-e8

5.王c7×d6

白方得兵,同时又占领了d5兵的关键格,d5兵必能升后,白胜。

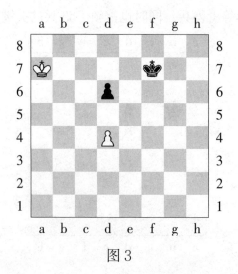

图3

二、相邻兵

双方兵在相邻直线上,相互影响对方兵的前进,它们也不是通路兵。这时局面较差的一方能否求和,往往取决于能否使对方兵的关键格起变化,从而使对方得兵而不得胜。

如图 4,双方为相邻兵,白方王的位置好,如白方先走,则1. 王e4,下着吃兵即可获胜。现轮黑方先走,黑方通过主动弃兵,迫使白方兵的关键格产生了变化,因而成功守和。

1. …d4 – d3!

及时弃兵,好棋!白方吃兵后,兵的关键格产生了变化,黑方主动对王,使白王无法占领d4兵的关键格。黑方如贪恋小兵走1. …王f6,以下的变化是:2. 王e4　王e6　3. 王×d4,白胜。

2. e2×d3　　　王g6 – f6　　3. 王f4 – e4　　王f6 – e6

4. 王e4 – d4　　王e6 – d6!

白方虽得兵但不能得胜,和棋。

图 5,白先。白王离兵近,显然是白方优势局面。但白方要将优势转化为胜利,必须要小心谨慎,正确判断局面和准确的计算是十分必要的,否则稍有不慎,将错失取胜机会。

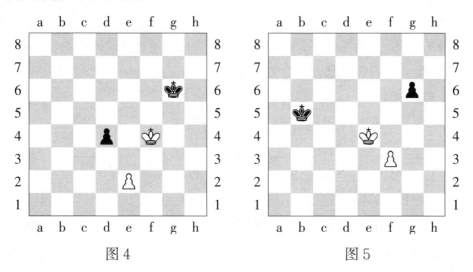

图 4　　　　　　　　　　　　　图 5

请看以下变化：

白方如1. 王f4直接去吃兵，以下是1. …王c4　2. 王g5　王d4　3. 王×g6　王e3，和棋。

又如1. 王d5，则1. …王b4　2. 王e5　王c4　3. 王f6　王d4　4. 王×g6　王e4，仍是和棋。

通过以上两路变化，白方根据具体局面，通过准确的计算找到了获胜之路。着法如下：

1. 王e4－d4!

有力的调动，白王在走向黑兵同时，又要阻碍黑王的行动，这种着法称为"肩冲"，肩冲手段在王兵残局中经常使用。

1. …………　　　王b5－c6

被迫之着，如1. … 王b4 则2. f4，白方胜势。

2. 王d4－e5!

再次运用"肩冲"手法挤迫黑王。

2. …………　　　王c6－c5

如2. …王d7 则3. 王f6。

3. f3－f4!　　　王c5－c4　　4. 王e5－f6　　　王c4－d4

5. 王f6×g6　+－

白方终于吃掉黑方相邻兵，白兵可顺利前进了，白胜。

图6，白先。

双方相邻兵相距两横排，白王位置占优，白王通过准确的调动，在王吃掉黑兵的同时，也占领了己方兵的关键格。

1. 王b3－b4!

如1. 王c3 则1. …王g5 2. 王d4　王f4，和棋。

1. …………　　　王h5－g5　　2. 王b4－c5　　　王g5－f4

3. 王c5－d4!　　　王f4－f5　　4. 王d4×d5

白王吃掉相邻兵，又占领了己方兵的关键格，白胜。

如图7，白王被困在边线，形势不妙，又轮黑方走棋。但白方冷静防守，运用关键格理论找到了准确的弃兵时机，成功守和。着法如下：

第30讲 王单兵对王单兵

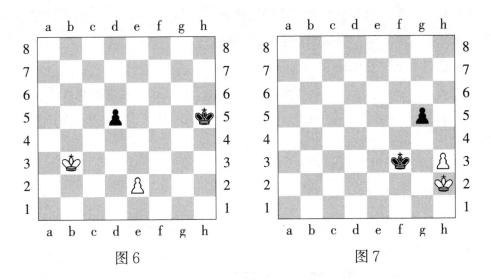

图6　　　　　　　　图7

1. …………　　王f3－f2　　2. 王h2－h1！

冷静之着。如冲动地走2. h4，则2. …g4　3. h5　g3+　4. 王h4　g2　5. h6　g1（后），黑胜。

2. …………　　王f2－g3　　3. h3－h4！

恰到好处的弃兵，守和的关键。

3. …………　　王g3×h4

黑方被迫用王吃兵，如3. …g×h4显然是和棋，因为黑王无法占领h兵的关键格；如3. …g4，则4. 王g1　王×h4　5. 王h2，也是和棋。

4. 王h1－h2！

白方准确弃兵，争得主动对王，和棋。

图8，白先。

白方形势占优，但要想取胜，还需冷静。黑方a4兵像一枝带刺的玫瑰，如不小心会扎破手的。通过分析局面与精确计算，白方采用迂回作战的方法，巧妙地摘到这枝带刺的玫瑰。

如白方急于求成走1. 王c3，则黑方1. …a3金蝉脱壳！以下三种变化，白方均

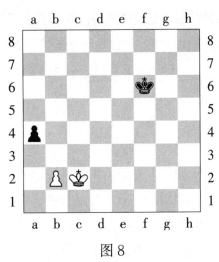

图8

无法取胜。这里的道理就像数学中的四则计算：如果你第一步就计算错了，尽管以下几步计算正确，但结果肯定是错误的。

请看以下三种变化：

① 2.b×a3 王e6 3.王c4 王d6 4.王b5 王c7 5.王a6 王b8 和棋。

② 2.b3 王e5 3.王c2 王d4 4.王b1 王c3 5.王a2 王b4 6.王a1 王×b3 和棋。

③ 2.b4 王e5 3.王b3 王d5 4.王×a3 王c5 5.王a4 王b6 6.b5 王b7 7.王a5 王a7 和棋。

白方以关键格理论为指南，仔细分析了上述可能出现的变化，找到了取胜之路。着法如下：

1.王c2－b1!   a4－a3!   2.b2－b3!   王f6－e5
3.王b1－a2   王e5－d5   4.王a2×a3   王d5－c5
5.王a3－a4   王c5－b6   6.王a4－b4

白方采用迂回战术，以退为进，在吃掉相邻的兵之后，争得主动对王，白胜。

三、通路兵

通路兵是双方互不阻碍，这时双方都尽力争取使己方兵先升后，并阻止对方兵升后。对局的胜负取决于谁的兵率先升后。如双方均不能升后，则为和棋。

如图9，双方局面均等，对局结果取决于谁先走。如白方先走：

1.h4－h5   b5－b4   2.h5－h6   b4－b3
3.h6－h7   b3－b2   4.h7－h8（后）   b2－b1（后）
5.后h8－h7+

白方将军抽后，白胜。

如黑方先走，则黑胜。取胜方法相同，请自行演变。

如图10，双方兵一样高，但由于黑王的位置不好（在白兵升变格b8－h2的大斜线上），故结果不同：如白方先走白胜，如黑方先走是和棋。

白先，着法如下：

第30讲 王单兵对王单兵

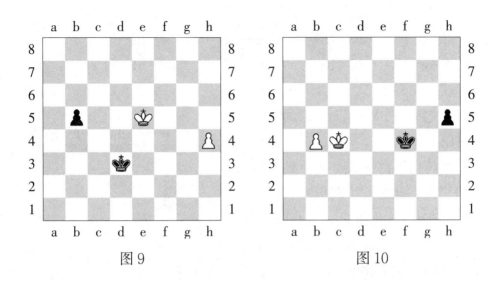

图9   图10

1. b4 – b5　　　王f4 – e5　　2. b5 – b6　　　王e5 – d6
3. 王c4 – b5　　h5 – h4　　　4. 王b5 – a6　　h4 – h3
5. b6 – b7　　　h3 – h2　　　6. b7 – b8（后）+

白方升后将军把黑h2兵抽吃，白胜。

如黑先，着法如下：

1. ………　　　h5 – h4　　　2. b4 – b5　　　王f4 – c5
3. 王c4 – c5!　h4 – h3　　　4. b5 – b6　　　h3 – h2
5. b6 – b7　　　h2 – h1（后）　6. b7 – b8（后）+

双方同时升后，和棋。

如图11，黑方兵高，而白王位于g6正在b1 – h7大斜线上，白方先走，为了求和，在追兵的同时巧妙地避开了黑兵升变之后的将军，成功守和。着法如下：

1. 王g6 – f5!　　王b6 – c5
2. 王f5 – e4!　　王c5 – c4
3. 王e4 – e3!　　王c4 – c3

白王在进入黑兵正方形的同时避开了b1 – h7大斜线，着法细腻。

图11

以下双方开始冲兵。

4. g2 – g4　　　b5 – b4　　　5. g4 – g5　　　b4 – b3
6. g5 – g6　　　b3 – b2　　　7. g6 – g7　　　b2 – b1（后）
8. g7 – g8（后）

同时变后，形成单后对单后的官和局面。

图12，白先。

本例局粗算白方若直接冲兵即可获胜，但黑方在此之前可利用冲兵带将赢得一先而成和，变化如下：1. g4 b5 2. g5 b4 3. g6 b3+ 4. 王c3 b2 5. g7 b1（后）6. g8（后）+ 王a1，和棋。

因此，白方要使用细腻准确的着法取胜：

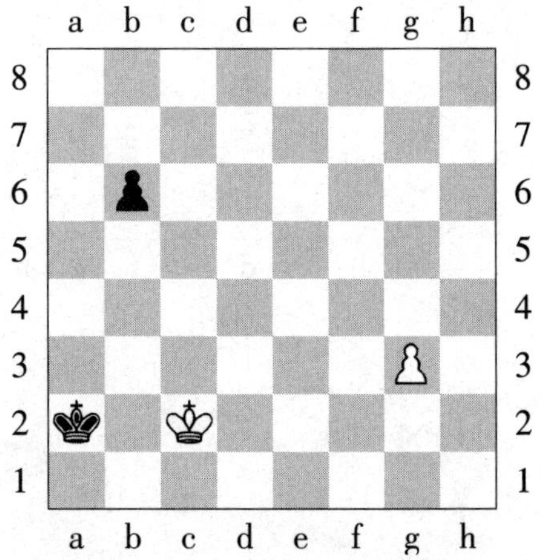

1. 王c2 – c3!

必要的一着，获胜的关键。

1. ……　　　王a2 – a3　　2. 王c3 – c4　　王a3 – a4
3. g3 – g4　　　b6 – b5+　　4. 王c4 – d3!

既避将又迫使黑方不能4. …b4，因5. 王c2，白方胜势。

4. ……　　　王a4 – a3　　5. g4 – g5　　　b5 – b4
6. g5 – g6　　　b4 – b3　　　7. g6 – g7　　　b3 – b2
8. 王d3 – c2!

着法细腻，迫使黑王到不利的a2格。

8. ……　　　王a3 – a2　　9. g7 – g8（后）+　　白胜。

图 12

下面的两个例子，说明王的行动具有双重目的调动时所产生的效果。

如图13，这是一局十分著名的排局，由著名的特级大师兼棋艺理论家列奇所创作。

白王位于h8角格，在黑h5兵正方形之外，而白兵已被黑王控制，乍看白方必输无疑，然而白方运用王的双重目的的调动给白方带来了希望。白先，着法如下：

1. 王h8 – g7!

白王沿斜线行进，静观其变。黑方有以下两种选择：

① 1. ………… 王a6 – b6
2. 王g7 – f6　　h5 – h4　　3. 王f6 – e5!

一着两用，威胁4. 王f4吃兵和4. 王d6保兵。

3. …………　h4 – h3　　4. 王e5 – d6　h3 – h2
5. c6 – c7　　王b6 – b7　　6. 王d6 – d7　和棋。

② 1. ………… h5 – h4　　2. 王g7 – f6　h4 – h3
3. 王f6 – e7!　h3 – h2　　4. c6 – c7　王a6 – b7
5. 王e7 – d7　和棋。

白方利用王的双重调动，成功地挽救了危局。似这样独出心裁的构思，很有教益。

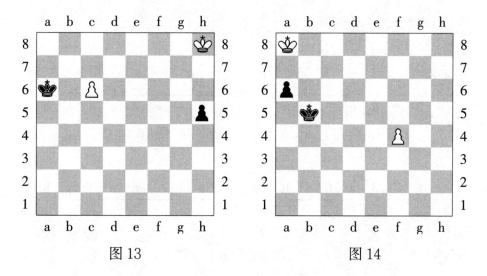

图 13　　　　　　　　　　图 14

如图14，白先。

与上局相似，白方看似无望，但仍可利用双重目的的调动求得和棋。

1. 王a8 – b7!　　a6 – a5　　2. 王b7 – c7　　王b5 – c5

如2. …a4 则3. f5，以下双方兵对冲，同时变后，和棋。

3. 王c7 – d7　　王c5 – d5　　4. 王d7 – e7　　王d5 – e4

白兵必丢，黑方以为胜利在望，但白方早有成算。

5. 王e7 – e6！　　王e4×f4　　6. 王e6 – d5

白王成功地进入黑兵正方形内，和棋。

练习

问题

请得出以下各图的正确结果。

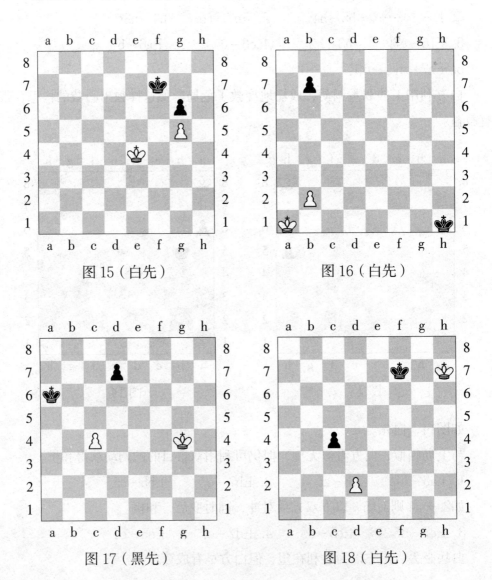

图15（白先）

图16（白先）

图17（黑先）

图18（白先）

第30讲 王单兵对王单兵

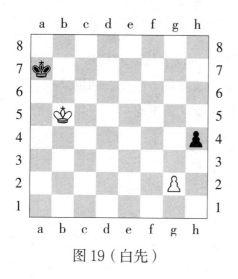

图 19（白先）

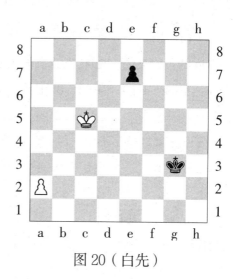

图 20（白先）

图 21（白先）

图 22（白先）

答案

图15

1. 王e4 – d5!　　　王f7 – e7　　2. 王d5 – e5!　　　王e7 – f7
3. 王e5 – d6　　　王f7 – f8　　 4. 王d6 – e6　　　王f8 – g7
5. 王e6 – e7　　　王g7 – g8　　 6. 王e7 – f6　　　王g8 – h7
7. 王f6 – f7　　　王h7 – h8　　 8. 王f7 × g6　　白胜。

171

图16

1. 王a1 – b1!

取胜的关键要着。如1.王a2将失去胜机，因以下是1.…王g2 2.王b3 王f3 3.王c4 王e4 4.b4 王e5 5.王c5 王e6 6.王b6 王d5，和棋。

1. ………… 王h1 – g2 2. 王b1 – c2 王g2 – f3
3. 王c2 – d3 王f3 – f4 4. 王d3 – d4 王f4 – f5
5. 王d4 – d5 王f5 – f6 6. 王d5 – d6 王f6 – f7
7. b2 – b4 王f7 – e8 8. 王d6 – c7 b7 – b5
9. 王c7 – b6 白胜。

图17

1. ………… 王a6 – a5!

好棋！如1.…王b6，则2.王f5 王c5 3.王e5 d6+ 4.王e6，均势。

2. 王g4 – f5 王a5 – b4 3. 王f5 – e5 王b4 – c5!
4. 王e5 – e4 王c5×c4 黑胜。

图18

1. 王h7 – h8! 王f7 – f6 2. 王h8 – g8 王f6 – e5
3. 王g8 – f7 王e5 – d4 4. 王f7 – e6 王d4 – d3
5. 王e6 – d5 和棋。

图19

1. 王b5 – c6!

好棋！运用"肩冲"战术争到宝贵的一先。

如1.王c5，则1.…王b7 2.王d6 王c8 3.王e7 王c7 4.王f6 王d6 5.王g5 h3! 6.g×h3 王e7 7.王g6 王f8，和棋。

1. ………… 王a7 – b8 2. 王c6 – d7! 王b8 – b7
3. 王d7 – e6 王b7 – c8 4. 王e6 – f5 h4 – h3
5. g2×h3 王c8 – d8 6. 王f5 – f6 王d8 – e8
7. 王f6 – g7 白王抢占到边兵关键格，白胜。

图20

1. a2 – a4! e7 – e5 2. a4 – a5 e5 – e4

第30讲 王单兵对王单兵

3. 王c5–d4　　　王g3–f4　　4. a5–a6　　　e4–e3
5. 王d4–d3!　　王f4–f3　　 6. a6–a7　　　e3–e2
7. a7–a8（后）+　王f3–f2　　8. 后a8–f8+　王f2–e1
9. 后f8–f4　　　王e1–d1　　10. 后f4–d2#

图21

1. g2–g4!　　　王e3–f4　　2. 王d8–e7!　　b6–b5
3. 王e7–f6!　　王f4×g4　　4. 王f6–e5

白王进入b5的方形区内，和棋。

图22

1. 王f6–e5!　　王a6–b5　　2. 王e5–d4　　王b5–b4
3. 王d4–d3　　王b4–b3　　4. 王d3–d2　　王b3–b2
5. e2–e4　　　a5–a4　　　6. e4–e5　　　a4–a3
7. e5–e6　　　a3–a2　　　8. e6–e7　　和棋。

第31讲　意大利开局

依据开局基本原则，经过棋手们长期实践，创立了许许多多的开局体系。长期以来，人们习惯将这些开局分为三大类：开放性开局、半开放性开局、封闭性开局。开放性开局是指双方第一回合走e2-e4、e7-e5的开局；半开放性开局是第一回合白方走e2-e4而黑方不走e7-e5的开局；封闭性开局是白方第一回合不走e2-e4的所有开局。开局的名称是由国名、地名、人名等来命名的，如西班牙开局、西西里防御等。

意大利开局是一个古老的开局，至今已有五百年的历史。白方战略思想十分明快，通过兵c2-c3支持中心兵d2-d4的挺进来建立中心兵阵，同时用c4象瞄准f7兵的弱点。双方有许多针锋相对的攻守方法，对初学者是十分有教益的。

1.e2-e4　　　e7-e5　　2.马g1-f3　　马b8-c6
3.象f1-c4　　象f8-c5

图1是意大利开局基本局面。在此开局各种变例中，黑方大多能够克服开局困难，取得均势。

下面介绍三种主要变化。

第一种变化：

4.c2-c3

白方利用黑象在c5，通过兵d4冲击和占领中心。

4.…………　　马g8-f6

黑方针锋相对，攻击白e4兵。

5.d2-d4　　　e5×d4　　6.c3×d4　　象c5-b4+

如走象b6，则d5、马e7、马e5、马e4、0-0，白优。

7.象c1-d2

如走马c3，则马×e4　0-0　象×c3　d5　象f6　车e1　马e7　车×e5

d6，黑方多兵略优。

7.… 象b4×d2+

或走马×e4　　象×b4　　马×b4　　象×f7+　　王×f7　　后b3+，局面复杂。

8. 马b1×d2　　　d7－d5　　　9. e4×d5　　　　马f6×d5

10. 后d1－b3　　马c6－e7　　11. 0－0　　　　0－0

12. 车f1－e1　　c7－c6（图2）

形成意大利开局的典型局面，双方均围绕着占领和争夺中心进行激烈的争夺，十分符合开局原则。至此，开局结束，双方均势。

图1

图2

第二种变化：

4. c2－c3　　　　后d8－e7　　5. d2－d4　　　　象c5－b6

如走e×d4，则0－0，白方弃兵获取主动。黑方不能走后×e4，因为车e1捉死后。

6. 0－0　　　　　d7－d6　　　7. h2－h3　　　　马g8－f6

8. 车f1－e1　　　0－0　　　　9. a2－a4　　　　a7－a6

白方接下去可走象e3或象g5、马a3，白略优。

第三种变化：

4. d2－d3　　　　马g8－f6　　5. 马b1－c3　　　d7－d6

6. 象c1－e3　　　象c5－b6　　7. 后d1－d2　　　象c8－e6

| 8. 象c4-b5 | 0-0 | 9. 象b5×c6 | b7×c6 |
| 10. 0-0 | 马f6-d7 | 11. d3-d4 | |

双方均势。

练习

问题

以下均为白先，都是用后一步杀的习题，希望你瞬间就能解答出来。

(1)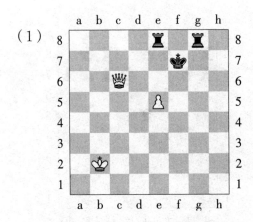

(2)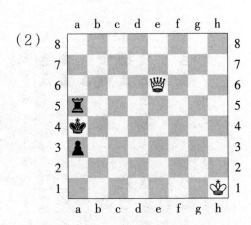

(3)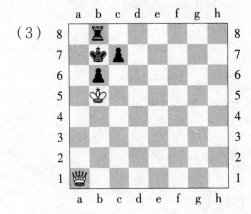

(4)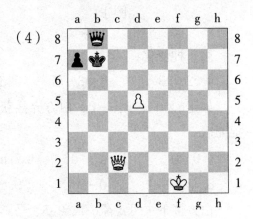

答案

（1）后c6-f6#　（2）后e6-c4#　（3）后a1-a6#　（4）后c2-c6#

第32讲 双马防御

双马防御是一个古老开局，至今已有四百多年的历史，由于黑方先出动双马与白方争夺中心而命名。此开局有多种复杂激烈的攻守变化，它的战略思想是通过对白方e4兵的攻击，限制白方建立中心兵阵，还常采用弃兵的方法争取主动。

1. e2－e4 　　　e7－e5 　　2. 马g1－f3 　　马b8－c6
3. 象f1－c4 　　马g8－f6

图1是双马防御基本局面。

下面介绍两种主要变化。

第一种变化：

4. 马f3－g5

白方马和象配合攻击f7兵，要求黑方防守准确。

4. ………… 　　d7－d5

黑方用弃兵来阻挡白方对f7兵的攻击。

图1

5. e4×d5　　　　　马c6-a5!

如果马上吃回一兵对黑方不利。

6. 象c4-b5+　　　c7-c6!　　　　7. d5×c6　　　　b7×c6

8. 象b5-e2　　　　h7-h6　　　　9. 马g5-f3　　　　e5-e4

10. 马f3-e5　　　　象f8-d6　　　11. d2-d4

这时也可走f4，则e×f3 马×f3 0-0 d4 c5 0-0 车e8，双方各有顾忌。

11. …e4×d3!　　　12. 马e5×d3　　后d8-c7（图2）

如图2，黑方少一兵，但出子速度明显快于白方，黑子力活跃、线路通畅，弃兵有补偿。

第二种变化：

4. d2-d4　　　　　e5×d4　　　　5. e4-e5　　　　d7-d5

这时可走马e4，以下象d5 马c5 0-0 马e6 c3 d×c3 马×c3 象e7 后a4 0-0，双方均势。

6. 象c4-b5　　　　马f6-e4　　　7. 马f3×d4　　　象c8-d7

8. 象b5×c6　　　　b7×c6　　　　9. 0-0　　　　　象f8-c5

10. f2-f3　　　　　马e4-g5　　　11. 象c1-e3　　　象c5-b6

12. f3-f4　　　　　马g5-e4（图3）

以下白方用e兵f兵冲击，从王翼进攻，黑方可用c兵d兵冲击，从后翼反击，形成对攻。由于黑方没易位，白方稍好。

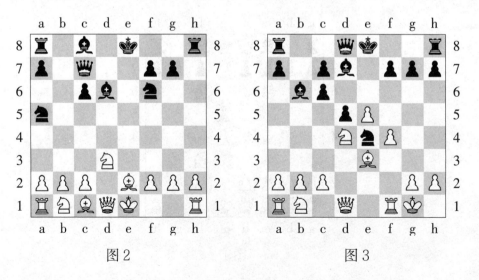

图2　　　　　　　　　　　　　　图3

练习

问题

以下均为白先,都是用车一步杀的习题,希望你瞬间就能解答出来。

(1)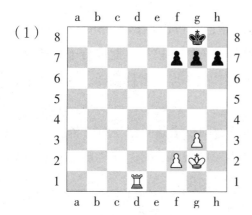

(2)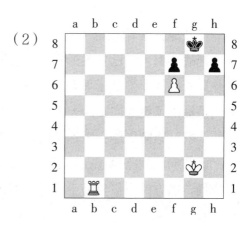

(3)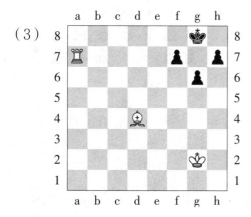

(4)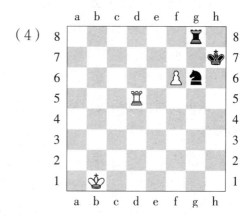

答案

(1) 车d1-d8# (2) 车b1-b8# (3) 车a7-a8# (4) 车d5-h5#

第33讲　卡罗·康防御

半开放性开局给黑方提供了更多的选择，它可以根据不同的对手扬长避短，把战斗引入自己熟悉的布局。此类开局双方能够较从容地进行子力调动，在开局阶段战斗强度不如开放性开局，然而其战斗形式多种多样，变化复杂，给棋手提供了更为广阔的天地。

卡罗·康防御创立于19世纪末，由两位德国棋手共同创立而得名。

此开局的战略思想是：黑方避开种种尖锐的战斗，经过子力的交换过渡到中残局，黑方的白格象易于出动，但出子速度稍慢。

1. e2-e4　　　c7-c6　　2. d2-d4　　　d7-d5

图1是卡罗·康防御基本局面。

下面介绍三种主要变化。

第一种变化：

3. e4-e5　　　象c8-f5

黑方及时出动后翼白格象，控制c2-h7斜线。

4. 象f1-d3　　　象f5×d3

5. 后d1×d3　　　e7-e6!

及时，否则白方将走e6，破坏黑方兵形。

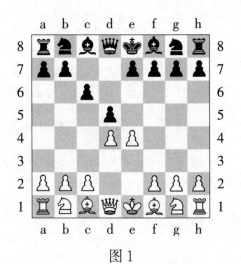

图1

6. 马g1-e2　　　………

如走马f3，则后a5+　c3　后a6，局面简化。

6. ………　　　后d8-b6　　7. 马b1-c3　　　c6-c5

黑方在后翼反击，基本均势。

第二种变化：

3. e4×d5　　　　c6×d5　　　　4. c2-c4　　　　马g8-f6
5. 马b1-c3　　　e7-e6　　　　6. 马g1-f3　　　象f8-e7
7. c4×d5

也可走c5，在后翼占有主动。

7. ……………　马f6×d5　　　8. 象f1-c4　　　0-0
9. 0-0　　　　　马b8-c6　　　10. 车f1-e1　　马d5×c3
11. b2×c3　　　b7-b6

黑方准备走象b7控制a8-h1大斜线。双方基本均势。

第三种变化：

3. 马b1-c3

这是此开局最主要变例，白方坚持占领中心。

3. …………　　d5×e4　　　　4. 马c3×e4　　象c8-f5
5. 马e4-g3　　象f5-g6　　　6. 马g1-f3　　　马b8-d7
7. h2-h4　　　h7-h6　　　　8. 象f1-d3　　　象g6×d3
9. 后d1×d3　　后d8-c7　　　10. 象c1-d2　　e7-e6
11. 0-0-0　　　0-0-0（图2）

开局结束，基本均势。

图2

练习

问题

以下均为白先,都是用象一步杀的习题,希望你瞬间就能解答出来。

(1)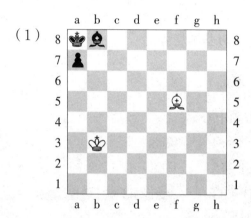

(2)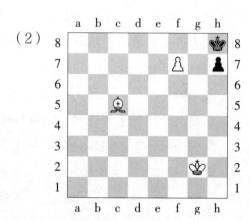

(3)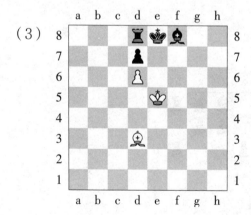

(4)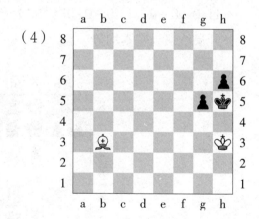

答案

(1) 象f5-e4#　(2) 象c5-d4#　(3) 象d3-g6#　(4) 象b3-f7#

第34讲　西西里防御

西西里防御是最典型的半开放性开局，也是目前十分流行的开局。

此开局特点是：黑方空间较小，但子力协调，具有很大潜力。黑方积极组织兵力从后翼发动反击，来对抗白方在王翼的进攻。

1.e2－e4　　　　c7－c5

图1是西西里防御基本局面。

西西里防御内容丰富，变化十分复杂，是比较难掌握的一种开局。

下面介绍四种主要变化。

第一种变化（龙式变例）：

2.马g1－f3　　　d7－d6　　3.d2－d4　　　c5×d4

4.马f3×d4　　　马g8－f6　　5.马b1－c3　　g7－g6

如图2，由于黑方兵形（h7、g6、f7、e7、d6）好像一条龙，所以叫龙式变例。

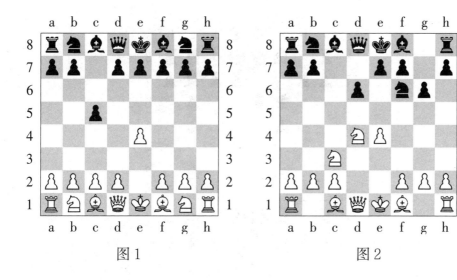

图1　　　　　　　　　　　图2

黑方准备出侧翼象g7，保持双象畅通，并控制a1-h8大斜线，威胁白d4和c3马，配合其它子力反击中心和后翼。但由于g兵冲起，削弱了王翼，从而遭到白方在王翼的进攻。

6. 象c1-e3　　象f8-g7

不能走马g4，因象b5+，白方得子。

7. f2-f3

白方采用拉乌捷尔攻击，准备长易位后直接向黑方王翼进攻。

7. …………　　马b8-c6　　8. 后d1-d2　　0-0
9. 象f1-c4　　象c8-d7　　10. 0-0-0　　车a8-c8
11. 象c4-b3　　马c6-e5　　12. h2-h4　　马e5-c4
13. 象b4×c4　　车c8×c4

双方形成对攻，白方攻王翼，黑方在后翼反击，一般认为白方机会较多。

第二种变化（封闭变例）：

2. 马b1-c3　　马b8-c6　　3. g2-g3　　g7-g6
4. 象f1-g2　　象f8-g7　　5. d2-d3　　d7-d6

如图3，形成西西里防御中的封闭体系。

白方在中心先不和黑方交换，而是积极出动子力控制中心，黑方则运马到d4，然后在后翼反击，因此常形成在两翼对攻的局势。

图3

6. f2–f4	e7–e6	7. 马g1–f3	马g8–e7
8. 0–0	0–0	9. 象c1–e3	马c6–d4
10. 车a1–b1	b7–b6	11. 马c3–e2	马d4×f3+
12. 象g2×f3	马e7–c6	13. c2–c3	象c8–b7

白方稍优。

第三种变化（保尔逊变例）：

2. 马g1–f3	e7–e6	3. d2–d4	c5×d4
4. 马f3×d4	a7–a6（图4）		

黑方挺起e6开通了黑格象线路，而兵a6是以后准备走b5、象b7等，在中心和后翼进行反击。此变例反弹力强，双方都有较多的选择余地，因此受到棋手的喜爱和重视。

5. 马b1–c3	后d8–c7	6. 象f1–e2	马b8–c6
7. f2–f4	马c6×d4	8. 后d1×d4	b7–b5
9. 象c1–e3	象c8–b7	10. 0–0	车a8–c8
11. a2–a3	马g8–f6	12. 象e2–f3	象f8–e7
13. 车a1–d1	0–0（图5）		

双方互有机会，形势一时难分优劣。

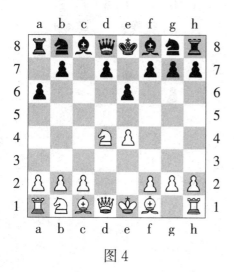

图4

图5

第四种变化（舍维宁根变例）：

2. 马g1-f3　　　d7-d6　　　3. d2-d4　　　c5×d4
4. 马f3×d4　　　马g8-f6　　5. 马b1-c3　　　a7-a6
6. 象f1-e2　　　e7-e6（图6）

黑方d6、e6两兵严密防守中路，富于弹性。

7. 0-0　　　　　象f8-e7　　8. f2-f4　　　　0-0
9. 象c1-e3　　　马b8-c6

形成此变例的典型局面，白方空间大，双象位于好点可相机而动，而黑方子力虽处于低位，但子力协调，防守准确，静观动向，局势大致相等。以下的续着大致是这样的：

10. 后d1-e1

准备调向王翼攻王。

10. ……………　马c6×d4

兑马减轻中心压力，并为走兵b5、象b7等从后翼展开反击争取时间。

11. 象e3×d4　　b7-b5（图7）

至此，形成白方攻王翼、黑方攻后翼的阵形，双方互有机会。

图6

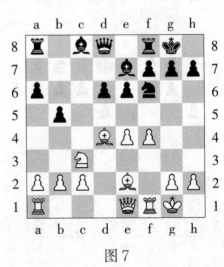

图7

练习

问题

以下均为白先,都是用马一步杀的习题,希望你瞬间就能解答出来。

(1)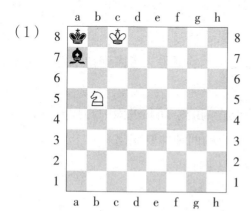

(2)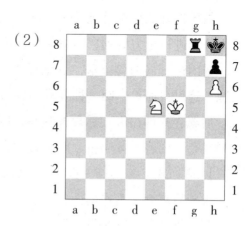

(3)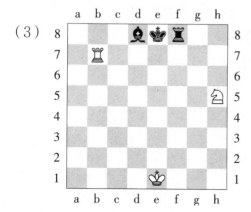

(4)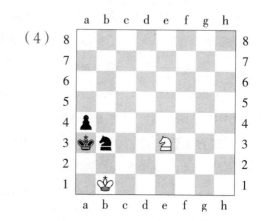

答案

(1) 马b5-c7# (2) 马e5-f7# (3) 马h5-g7# (4) 马e3-c2#

第35讲 后翼弃兵

封闭性开局战略计划深远,在开局阶段战术组合出现得较晚。双方大多在己方阵地进行子力调动,为争夺控制中心而积极努力。

封闭性开局内容丰富,变化复杂,深受高手的喜爱。考虑到初学者的实际情况,这里只简单介绍一种开局供参考。

后翼弃兵即白方在后翼冲兵c4,以争取开阔的空间和巩固中心兵阵。它的布局复杂,内容十分丰富,以下我们只介绍它的两种主要变化。

1. d2-d4　　　d7-d5　　2. c2-c4(图1)

形成后翼弃兵基本局面。

第一种变化(吃后翼弃兵):

2. ……………　d5×c4　　3. 马g1-f3　　马g8-f6
4. e2-e3　　　e7-e6　　　5. 象f1×c4　　c7-c5
6. 0-0　　　　a7-a6　　　7. 后d1-e2　　b7-b5
8. 象c4-b3　　象c8-b7　　9. 车f1-d1　　马b8-d7
10. 马b1-c3　 后d8-b8

双方大致均势。

第二种变化(正统防御):

2. ……………　e7-e6　　　3. 马b1-c3　　马g8-f6
4. 象c1-g5　　象f8-e7　　5. e2-e3　　　0-0(图2)
6. 马g1-f3　　马b8-d7　　7. 车a1-c1　　c7-c6!
8. 象f1-d3　　d5×c4
9. 象d3×c4　　马f6-d5　　10. 象g5×e7　　后d8×e7
11. 0-0　　　　马d5×c3　　12. 车c1×c3　　e6-e5!
13. d4×e5　　马d7×e5

第35讲 后翼弃兵

黑方解决了c8象的通路问题,阵营中无弱点,白方仍保持微小的先行之利。

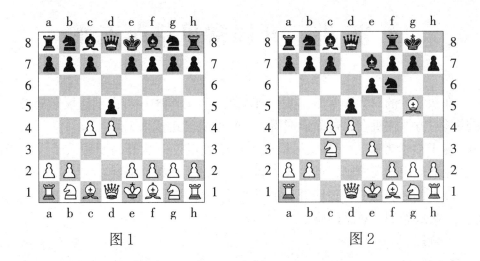

图1　　　　　　　　　图2

练习

问题

以下均为白先,都是用兵一步杀的习题,希望你瞬间就能解答出来。

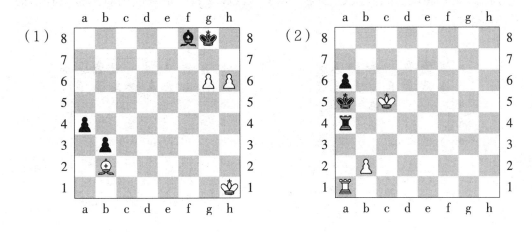

答案

（1）h6-h7#　（2）b2-b4#

第36讲 开局常见错误点评

在初学者的对弈中常常出现这种情况：在开局中一方由于违反开局要领，很快被对方抓住机会，进而形成得子、得势甚至迅速杀王。

对于初学者来说，要想尽快避免这些失误，应从开局要领入手，细心体会、灵活运用开局原则，还要善于利用对方的失误抓住机会，增强攻王意识。

以下例局从反面来说明开局的重要性，请读者看过之后，认真思考失败的原因，吸取教训，总结经验。

[例局1]

1.f2－f4　　　　e7－e6　　　2.g2－g4??　　后d8－h4#（图1）

这是最短的对局了，白方主动削弱了王翼的兵形，给黑后将杀制造了机会。

[例局2]

1.e2－e4　　　　e7－e5　　　2.后d1－h5?　　王e8－e7??

3.后h5×e5#（图2）

白方的后没有目标地过早出动，黑方应走马c6或后e7，再走马f6捉后，白方将失先。而现在黑方误走王e7，等于是自寻坟墓，正好使白后歪打正着，很快地将杀黑王。

图1

图2

[例局3]

1.e2－e4　　　　e7－e5　　　2.象f1－c4　　象f8－c5

3. 后d1－h5?　　　马b8－c6??　　4. 后h5×f7#（图3）

白方进后h5，看上去很凶，实际上过早出后是一步坏棋，但是由于黑王没有注意到f7格正被攻击而随手走马c6，一步棋的失误，很快被杀。黑方应先走后e7，加强对e5和f7两点的保护，然后走马f6捉后，白方将失先。

[例局4]

1. e2－e4　　　e7－e5　　　2. 象f1－c4　　　象f8－c5
3. 后d1－f3?　　马g8－h6??　4. d2－d4!　　　象c5×d4
5. 象c1×h6!　　象d4×b2??　　6. 后f3×f7#（图4）

黑方马h6防守不好，应走后e7或后f6兑后，白方失先。白方d4弃兵打开c1象的线路，声东击西，先手打掉防守f7点的马，很快结束战斗。

图3　　　　　　　　　　　图4

[例局5]

1. d2－d4　　　马g8－f6　　2. c2－c4　　　e7－e5
3. d4－d5　　　象f8－c5　　4. 象c1－g5?　　马f6－e4!!
5. 象g5×d8??　象c5×f2#（图5）

白方盲目行动，不注意对f2点的防守，使黑方得以弃后杀王。白方应马c3控制中心，较为稳妥，而象g5是假先手、大坏棋，正好被黑方利用弃后形成马象配合杀王。

[例局6]

1. d2－d4　　　c7－c5　　　2. d4—d5　　　马b8—a6?
3. 马g1－f3　　d7－d6　　　4. e2－e4　　　象c8－g4?
5. 马f3—e5!!　后d8－a5+　　6. 象c1－d2　　d6×e5??
7. 象d2×a5　　象g4×d1?　　8. 象f1－b5#（图6）

黑方在开局中几次违背开局原则，无目的行动，两翼子力出动不均匀，不顾王的安全，贪吃子力，带来了王门空虚。白方行棋主动，计算准确，很好地利用黑方缺少防守的a5-d8和b5-e8两条斜线，形成双象杀王。

图5

图6

[例局7]

1. e2-e4   b7-b6?   2. d2-d4   象c8-b7
3. 象f1-d3   f7-f5?   4. e4×f5!   象b7×g2?
5. 后d1-h5+   g7-g6   6. f5×g6   马g8-f6
7. g6×h7+   马f6×h5   8. 象d3-g6#（图7）

黑方b6不好，放弃了中心，使白方形成兵的中心。黑f5是错误的计划导致的大坏棋，企图用象吃a1车，但造成了自己王前削弱。白方算准了以后的变化，将计就计，立即组织兵力攻王，形成弃后杀王。

[例局8]

1. e2-e4   e7-e5   2. 马b1-c3   马g8-f6
3. 象f1-c4   马f6×e4   4. 后d1-h5   马e4-d6
5. 象c4-b3   马b8-c6   6. d2-d4   e5×d4?
7. 马c3-d5   g7-g6?   8. 后h5-e2+   象f8-e7
9. 马d5-f6+   王e8-f8   10. 象c1-h6#（图8）

白方弃兵，力求主动。黑方一味贪吃小兵，e5×d4坏棋，应改走马c6×d4，白若后×e5+，则马e6进行防守。g7-g6又是一步削弱兵阵的假先手，给白方凑成了马f6+和象h6的杀着。在开局阶段千万不要随手冲王翼兵，太危险。

[例局9]

1. e2-e4   e7-e6   2. d2-d4   d7-d5
3. e4×d5   e6×d5   4. 马g1-f3   象f8-d6
5. c2-c4   马g8-e7??   6. c4-c5（图9）

图 7

图 8

一步棋的失误，使黑方丢子。

[例局10]

1. d2 - d4　　　马g8 - f6　　2. 马g1 - f3　　c7 - c5
3. 象c1 - f4?　　c5×d4　　　4. 马f3×d4?　　e7 - e5!
5. 象f4×e5　　　后d8 - a5+（图10）

黑方利用白方马、象位置不佳冲兵捉双，然后出后将军抽象。

图 9

图 10

[例局11]

1. e2 - e4　　　e7 - e6　　　2. d2 - d4　　d7 - d5
3. 马b1 - c3　　d5×e4　　　4. 马c3×e4　　马b8 - d7
5. 马g1 - f3　　马g8 - f6　　6. 马e4 - g5?

白方还没充分出动子力，王还在中路，就发动进攻，未免过于冒失。

6. ………　　　象f8 - e7　　7. 马g5×f7　　王e8×f7
8. 马f3 - g5+　　王f7 - g8　　9. 马g5×e6　　后d8 - e8
10. 马e6×c7??　象e7 - b4#（图11）

由于白方在错误的计划中越陷越深，只有一个马跳来跳去，而黑方防守准确，同时设下陷阱，形成后、象配合双将杀。

下面的例局尽管选用的开局不同，但最后的杀式和上例十分相似，可谓殊途同归。

[例局12]

1. e2 – e4　　　　c7 – c6　　　　2. d2 – d4　　　　d7 – d5
3. 马b1 – c3　　　d5 × e4　　　　4. 马c3 × e4　　　马g8 – f6
5. 后d1 – d3　　　e7 – e6　　　　6. 马g1 – f3　　　象f8 – e7
7. 马f3 – e5　　　马b8 – d7　　　8. 马e5 × f7?　　 王e8 × f7
9. 马e4 – g5+　　 王f7 – g8　　　10. 马g5 × e6　　后d8 – e8
11. 马e6 – c7　　 象e7 – b4+　　 12. 王e1 – d1　　后e8 – e1#（图12）

这些都是在开局中不顾王的安全，发动不成熟的进攻所带来的沉痛教训。

下面我们选择几个由于后过早出动，或由于子力不协调配合，而被活捉后的例局。

图 11　　　　　　　　　　　　　　图 12

[例局13]

1. e2 – e4　　　　e7 – e5　　　　2. 马g1 – f3　　　马b8 – c6
3. d2 – d4　　　　e5 × d4　　　　4. 马f3 × d4　　　后d8 – h4?
5. 马b1 – c3　　　马 g8 – f6?　　6. 马d4 – f5!　　 后h4 – h5
7. 象f1 – e2　　　后h5 – g6　　　8. 马f5 – h4（图13）黑方认输。

后h4不好，然后，马f6又挡住了后的退路。

[例局14]

1. e2 – e4　　　　e7 – e6　　　　2. d2 – d4　　　　d7 – d5
3. 马b1 – d2　　　d5 × e4　　　　4. 马d2 × e4　　　象c8 – d7?

5. 马g1－f3　　　象d7－c6　　6. 象f1－d3　　　马g8－f6
7. 马e4×f6+　　后d8×f6??　　8. 象c1－g5!　　象c6×f3
9. 后d1－d2!!（图14）

冷静的一着！黑方认输，因为以下如后×d4则象b5+，闪将抽后。

图 13

图 14

[例局15]

1. e2－e4　　　　e7－e6　　　2. d2－d4　　　　d7－d5
3. 马b1－c3　　　d5×e4　　　4. 马c3×e4　　　b7－b6（应走c7－c6）
5. 马g1－f3　　　象c8－b7　　6. 象f1－b5+　　马b8－d7?
7. 马f3－e5　　　象b7－c8　　8. 象c1－g5!（图15）

进象及时封住后的路线，黑方认输。因为接着如走马f6，则马c6活捉黑后。

[例局16]

1. e2－e4　　　　d7－d5　　　2. e4×d5　　　　后d8×d5
3. 马b1－c3　　　后d5－a5　　4. 马g1－f3　　　象c8－g4
5. h2－h3　　　　象g4×f3　　6. 后d1×f3　　　马b8－c6?
7. 象f1－b5　　　后a5－b6　　8. 马c3－d5　　　后b6－a5
9. b2—b4!（图16）

后终于被捉，白胜。（如9.…后×b5，则10. 马c7+）。

黑方马b8－c6应改走c7－c6，给后留个退路，较为稳妥。

[例局17]

1. e2－e4　　　　d7－d5　　　2. e4×d5　　　　后d8×d5
3. 马b1－c3　　　后d5－a5　　4. d2－d4　　　　e7－e5

和上局一样，形成的开局叫斯堪的纳维亚防御。

图 15

图 16

5. 后d1－e2　　　马b8－c6　　6. d4－d5　　　象f8－b4

7. 后e2－c4?　　马c6－d4!　　8. 象f1－d3?　　b7－b5!（图17）

黑方走得积极主动，用同样的方法回击白方，活抓白后，报了一箭之仇。

在开局中由于子力拥挤，如马跳"扁日"到e2、d2或e7、d7，这时马虽可以兼顾两翼，但其不利是容易造成子力阻塞、线路不畅，甚至导致被闷杀。

下面的例局就告诉我们"窝心马"所带来的灾难。

[例局18]

1. d2－d4　　　马g8－f6　　2. 马b1－d2　　　e7－e5

3. d4×e5　　　马f6－g4　　4. h2－h3??　　　马g4－e3!（图18）

白方面临丢后和被将杀（若fe则后h4#），黑胜。

图 17

图 18

[例局19]

1. e2－e4　　　c7－c5　　2. 马g1－f3　　　马b8－c6

3. d2－d4　　　c5×d4　　4. 马f3×d4　　　e7－e5

5.马d4-f5　　　马g8-e7??　6.马f5-d6#（图19）

黑方跳扁马造成子力堵塞被闷杀。

[例局20]

1.e2-e4　　　c7-c6　　　2.d2-d4　　　d7-d5

3.马b1-c3　　d5×e4　　　4.马c3×e4　　马b8-d7

5.后d1-e2!　　马g8-f6??

白方设下陷阱，黑方果然上钩了。应先走马df6，消除"窝心马"，控制d6格。

6.马e4-d6#（图20）　黑方自投罗网。

图 19

图 20

[例局21]

1.d2-d4　　　马g8-f6　　2.c2-c4　　　e7-e5

3.d4×e5　　　马f6-g4　　4.马g1-f3　　马b8-c6

5.象c1-f4　　象f8-b4+　　6.马b1-d2　　后d8-e7

7.a2-a3　　　马g4×e5　　8.a3×b4??　　马e5-d3#（图21）

由于白方贪吃象，次序走错，忽视了王前"窝心马"造成堵塞被闷杀。应先走马×e5　马×e5　象×e5　象×d2+　后×d2　后×e5，进行子力交换，白方稍好。

最后我们看另一种闷杀的形式。

[例局22]

1.e2-e4　　　e7-e5　　　2.d2-d4　　　马g8-f6

3.d4×e5　　　马f6×e4　　4.马g1-f3　　象f8-c5?

5.后d1-d5　　马e4×f2　　6.象f1-c4　　0-0

7. 马f3－g5　　　马f2×h1　　8. 马g5×f7　　　c7－c6??
9. 马f7－h6+　　王g8－h8　　10. 后d5－g8+!!　车f8×g8
11. 马h6－f7#（图22）

这样后马配合利用闪将形成双将造成弃后闷杀的情况十分典型，请同学们注意。

双方没有易位，就展开进攻，经常形成中路攻王的情况。这时一方稍有不慎，对方就会立即抓住战机，形成精彩的杀局。

图 21

图 22

[例局23]

1. e2－e4　　　　e7－e5　　　2. 马g1－f3　　　马b8－c6
3. 象f1－b5　　　a7－a6　　　4. 象b5－a4　　　马g8－f6

这是西班牙开局应用最多的古典变例，双方都有十分丰富的内容和变化。

5. 马b1－c3

这是一种较少的变例，缺点是积极的白格象容易被黑马兑掉。应走0－0，最为常见。

5. ………　　　　象f8－c5　　　6. 马f3×e5　　　马c6×e5
7. d2－d4　　　　象c5－b4　　　8. d4×e5　　　　马f6×e4
9. 后d1－d4　　　马e4×c3　　　10. b2×c3　　　　象b4－a5?

双方在开局中围绕着中心展开了激烈的战斗。象a5是方向性的错误，忽视了a3－f8大斜线的防守，应走象e7。白方抓住机会，不让黑王易位，然后打开线路，形成漂亮的双象、兵杀王。

11. 象c1－a3!　　b7－b6　　　12. e5－e6!　　　后d8－f6
13. 象a4×d7+　　王e8－d8

不能走象×d7，因白可后×d7#。

14. 象d7－c6+!!　　后f6×d4
15. e6－e7#（图23）

致命的一冲。

[例局24]

1. e2－e4　　　　e7－e5　　　2. 马g1－f3　　马b8－c6
3. 象f1－c4　　　象f8－c5　　4. b2－b4（图24）

图23

图24

这个开局叫伊文思弃兵，由意大利开局演变，因此也叫意大利弃兵。白方通过弃兵，形成强大的兵中心，快速出动子力，以争主动。

4. ………　　　　象c5×b4　　5. c2－c3　　　象b4－a5
6. d2－d4　　　　e5×d4　　　7. 0－0　　　　d4×c3?

由于黑方过于贪吃小兵，而造成出子落后，形成被动局面。

8. 后d1－b3　　　后d8－e7　　9. 马b1×c3　　马g8－f6（图25）

白方通过弃兵快速出子形成理想的局面：已完成王车易位，获得大的空间，而且子力协调，线路通畅。有了以上优势，白方立即向黑方发动进攻。

10. 马c3－d5!　　 马f6×d5
11. e4×d5　　　　马c6－e5
12. 马f3×e5　　　后e7×e5
13. 象c1－b2　　　后e5－g5

白方步步紧逼使黑王无法易位，王停在中路十分危险。白方乘胜追击。

14. h2－h4!　　　后g5×h4

图25

如果后h6则后a3，然后车fe1+胜。

15. 象b2×g7　　　　车h8-g8　　　16. 车f1-e1+　　　　王e8-d8
17. 后b3-g3!　　　　后h4×g3　　　18. 象g7-f6#

白方一气呵成，在中路把黑王将杀。

练习

问题

以下习题均为白先，有杀黑王的手段吗？

（1）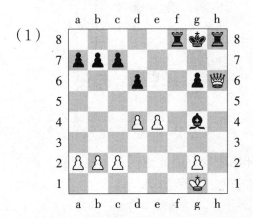

（2）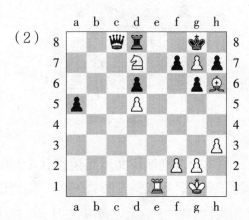

（3）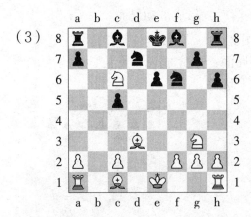

（4）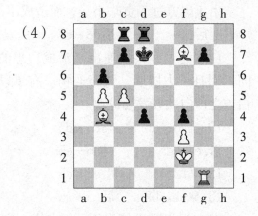

答案

（1）后h6×g6#　（2）马d7-f6#　（3）象d3-g6#　（4）c5-c6#